モーツァルトは「アマデウス」ではない

石井 宏
Ishii Hiroshi

a pilot of wisdom

Wolfgang Amadé Mozart

Ritter des goldenen sporns,
und so bald ich heürath, des doppelten horns,
Mittglied der grossen Accademie,
von Verona, Bologna, oui mon ami!

ヴォルフガング　アマデ　モーツァルト

黄金の拍車勲章の騎士にして
結婚すれば二本角*の騎士
偉大なるヴェローナとボローニャの
学士院会員、そうとも　ねえ　君！
（1777年11月22日付の手紙の署名）

＊妻を寝取られた男の額には角が生えるという伝承

目次

序曲　名前の話　13

第一章　親からもらった名前　19

生涯に二回だけ使ったフルネーム
ザルツブルクを飛び出したモーツァルト
猥雑なベースレ書簡とカノン
フルネームを使った二回目の手紙
シギスムンドゥス探し
ジーギスムント・フォン・シュラッテンバハ伯爵
ヨアネス・クリソストムスはどこから来たか

E・T・A・ホフマンの幻想小説

第二章　ヴォルフガングとアマデーウス・モーツァルト的　48
「アマデウス」は洗礼名に由来したのか？
「アマデーウス」と書かれた別の手紙
「アマデウス」はラテン語かドイツ語か

第三章　悪夢への前奏曲　56
大学を追放された父レーオポルト
一生消えることのないタブロー
七歳でヨーロッパ征服の旅に
レーオポルトの野望

女帝陛下の心変わり
ついにオペラの作曲へ

第四章　悪夢のドラマ　81

初めてのオペラ・ブッファ
ウィーンに吹き荒れる誹謗中傷の嵐
四面楚歌のレーオポルト

間奏曲　第一　《バスティアンとバスティエンヌ》の怪　96

間奏曲　第二　ジュゼッペ・アフリージョ　102

第五章　イタリアの陽光　106

音楽の風は聖地イタリアから吹いた
オペラ界のアイドル「カストラート」
歌手の生産地だったナーポリとヴェネツィア
ボローニャやヴェローナの〝音楽大学〟
音楽史をリードしたイタリアの声の文化

第六章　アマデーオ降誕　117

失意のウィーンから陽光のイタリアへ
ヴェローナの新聞が賞賛の嵐
ドイツではヴォルフガング、イタリアではアマデーオ
天才少年トーマス・リンリーとの出会い
門外不出「ミセレーレ」を記譜
黄金の拍車勲章の騎士

第七章　ドラマの終わり　140
胸につかえる嫌な予感
マリーア・テレージアの裏芸
レーオポルトの誤算
潰えた夢

第八章　ウィーンの亡霊たち——陰謀・噂　148
女帝の死去
ウィーンに呼び出されたモーツァルト
大司教に突きつけた〝最後通牒〟
ウィーンで訪れた最初のチャンス
〝宮廷詩人〟ロレンツォ・ダ・ポンテ
曰くつきの思想劇をオペラ化

陰謀を骨抜きにした《フィガロの結婚》
最後のオペラ《魔笛》
あの世からの使者

第九章　モーツァルトの死　183

〝モーツァルトの毒殺者〟
ダ・ポンテの『回想録』
「宮廷楽長、殺人を告白」
戯曲『アマデウス』第一幕、最後の独白
「アマデウス」でなければならなかったタイトル

第一〇章　ドイツ語圏に家がない　202

ザルツブルクへの嫌悪

モーツァルトを嫌ったザルツブルク
ウィーンではないどこかへ
嫉妬と悪意にさらされた不遇の日々
哀れな年俸の宮廷作曲家
無神経なドイツ人

フィナーレ　アマデーオ、孤高の王国　222

悪口雑言は高貴な友情の証
第二のモーツァルト
間男の存在
唯一遺された宝物

アンコール　だれがアマデウスを作ったか　235

初めて「アマデウス」の名が載った出版物
実利実益を重んじたコンスタンツェ
「アマデウス」の欺瞞を突き止めた二人の学者

あとがき　245

蛇　足　251

主な参考文献　256

巻末附録　モーツァルトの生涯の署名一覧　267
作品における署名／手紙における署名

本書に引用した文献や手紙、雑文などは全て著者の翻訳によるものです。
また、欧文資料はあえて原文のまま引用しました。

お断り

本書で〝ピアノ〟という言葉を使うときにはチェンバロ（クラヴサンあるいはハープシコードと呼ばれる楽器）と区別しておりません。ピアノという楽器はチェンバロ系の楽器とは全く異なった発音のメカニズムを持っていて、一七〇九年（あるいは一一年）にフィレンツェの楽器職人クリストフォーリが発明したとされますが、これが多くの改良を経て実用化されるのは約六〇年後の一七七〇年代となったため、モーツァルトは少年時代にはクラヴサン系の楽器を弾いており、混用の時期を経てウィーン時代（一七八一―九一）には〝ピアノ〟と呼ばれる楽器を使っています。ただ、ドイツ語ではどちらもクラヴィーアという言葉で表され両者の間に区別がつきません。モーツァルトは両者を区別せず一様にクラヴィーアと呼んでいます。

またラテン語の読み方については古典的な読み方を採用しました。宗教音楽に使われるラテン語はイタリア語化した読みを現代のカトリック教会で採用しています。一八世紀の発音法はわかりませんが、敢《あ》えて古典読みを採用しました。

例	イタリア訛《なま》り	古典ラテン語
agnus dei	アニュス・デイ	アーグヌス・デイ
Regina coeli	レジナ・チェリ	レーギナ・コエリ
miserere	ミゼレーレ	ミセレーレ

序曲　名前の話

「モーツァルトの名前をご存知ですか」

今、かりにこんな質問を発したとすれば、クラシック音楽に興味のある方なら、

「ヴォルフガング」

「アマデウス」

「ヴォルフガング・アマデウス」

などと答えてくださるであろう。特に「アマデウス」は一九八〇年代に世界中でヒットした映画《アマデウス》のお蔭《かげ》でポピュラーになり、今でもヴォルフガングよりもこちらのほうを先に思い出される方は多いかと思われる。この映画はモーツァルトとその生涯のライヴァルと目されたアントーニォ・サリエーリというウィーンの宮廷音楽家二人を主人公に据えたもので、ふつうならこの種の映画はクラシック音楽の愛好家のみが対象となるところだが、ここに登場するモーツァルトが並みの〝クラシック〟音楽家の範疇《はんちゆう》に入るような人物ではなく、今様の

言葉で言えばハチャメチャな、極めてエクセントリックな行動をするところが意想外で、クラシックの映画という先入主を超えて幅広く人気を集めたものであった。お蔭でアマデウスという名前が一世を風靡《ふうび》することになってしまった。今も当時を知る人なら、モーツァルトと聞けばアマデウスという名のほうを真っ先に思い出すことであろう。

しかし、私は今「モーツァルトはアマデウスではない」と言おうとしているのである。

「え、そんなバカな……」という声も聞こえてくる。

念のために辞書に当たってみる。

広辞苑で「モーツァルト」を引くと、見出し語のモーツァルトの下に横文字で「Wolfgang Amadeus Mozart」と出てくる。これからすればモーツァルトの名前はWolfgang Amadeus（ヴォルフガング・アマデウス）でまちがいないと言えようか。

もう一つ、固有名詞を多く収録している学研の『新世紀ビジュアル大辞典』を引いてみる（この辞典は外国語の固有名詞の正確な表記――たとえば日本ではゴッホと呼ばれる画家の名を、この辞典は初めてオランダ語のフィンセント・ファン・ホッホという読みで紹介した――の実績を持つ）。これで「モーツァルト」を引くと同じように「Wolfgang Amadeus Mozart」という横文字の綴《つづ》りが出てくる。やはりモーツァルトの名はヴォルフガング・アマデウスであるようだ。

英語の世界では何と呼ばれているのだろうか。ためしに研究社の『新英和大辞典』を引いてみる。ここでも「Mozart, Wolfgang Amadeus」と出てくる。

英和ではなく英英の事典はどうかと思って『Encyclopaedia Britannica』に当たってみる。しかしここでも見出し語は「Mozart, Wolfgang Amadeus」である。

では本場のドイツ語の辞書ではどうか。手許《てもと》の小学館の『独和大辞典』を引いてみる。ここでは「Mozart 人名 Wolfgang Amadeus　ヴォルフガング・アマデーウス」とある。

権威ある有名大辞典がこのようにモーツァルトの名はヴォルフガング・アマデウスであると書いているとなれば、「モーツァルトはアマデウスではない」と言う私は四面楚歌の孤立した状態になる。

困ったことだが、いずれにしても（あとで述べるように）このアマデウスというのは親からもらった名前ではない。日本流に言えば字《あざな》というところである。それらしいことを証明してくれる辞書もある。

『プチ・ロベール2』というフランス語の辞書で、固有名詞専門の辞典である。これによると「Mozart (Johann Chrysostomus Wolfgang Gottlieb, dit Wolfgang Amadeus)」というこれまでにない長い名前が出てくる。そのうちの前の四つは以下の第一章で述べるように、モーツァルトが親からもらった名前である。その中にはアマデウスは含まれていない。しかしそのあと

に、

dit Wolfgang Amadeus

というのがついている。これが曲者である。最初のditというのは英語のsaidという過去分詞と同じもので「……と言われている」あるいは「……というアダ名である」という意味であるから、これに従うと、モーツァルトは「ヴォルフガング・アマデウスという名で呼ばれていた」という意味になる。

しかし、

「モーツァルトはアマデウスと呼ばれていた」とすれば、それは事実に反している。字にしても、モーツァルトはアマデウスと呼ばれたことはないのである。

つまり、

世のあらゆる辞書に反して、生前のモーツァルトの名前はアマデウスであったこともないし、彼はアマデウスと呼ばれたこともないのである。

「そんなバカな！」

そう、事実は小説より奇なりというが、現在、洋の東西を問わず市井に出回っているすべての本が〝アマデウス〟を彼の名として認定しているのに反して、生前のモーツァルトは、

アマデウスではなかったし、

アマデウスと呼ばれたこともないし、
アマデウスと自ら名のったこともないのである。
それは変だ、と思われるに違いない。
権威ある辞書がすべてアマデウスであると言っているのはどういうことなのか。そう、現代の碩学《せきがく》と言われる人たちが皆、アマデウスだと言っているのに私一人が叛旗《はんき》をひるがえそうというのはなぜか。

——おまえ以外に「モーツァルトはアマデウスではない」と主張する人はいないのか。

いません。まだ見たことはありません。

——世界に音楽学者はたくさんいるのに、だれも「モーツァルトの名前はアマデウスではない」と言う人がいないのはなぜか。

高名の学者であればその事実を知らないはずはないのですが、気づかない方もいるのでしょうか。一九世紀の有名なケッヒェル・カタログの編集者であるルートヴィヒ・ケッヒェルの総目録（Chronologisch-thematisches Verzeichniss）の表紙に書かれている名前は〝ヴォルフガング・アマデウス〟ではありません。およそモーツァルトを研究するほどの人ならこの本を手にしたことのない人はいないでしょうから、そこに書かれているモーツァルトの名を知らない人はいないはずなんです。

——それはどういう名前なのか。

ヴォルフガング・アマデとなっています。

——アマデはアマデウスの省略形だろう。それでは同じではないか。

それが違うんです。


モーツァルトは一七七〇年（一四歳）以降、親がくれたヴォルフガングという名前に、イタリア人たちがくれた「アマデーオ」Amadeoという名前をくっつけて署名に使うようになった。

このアマデーオというイタリア語をドイツ語に直せばアマデーウスとならないことはない。だから、彼はそのドイツ語を使えば使えたはずなのに一生にただの一度もアマデーウスという署名をすることはなかった（巻末に彼の生涯の署名の一覧表をつけましたのでご覧ください）。

なぜ彼がこのアマデーオという他人のくれた名前を愛して、一生の間自分の署名に使用しているのか。

それをドイツ語に直せばアマデーウスとなるのに、なぜ一度もそうしなかったのか。

本書はこのミステリーのような難問を以下の章で解こうとするものである。

第一章　親からもらった名前

生涯に二回だけ使ったフルネーム

モーツァルトのころは、人の戸籍は住居地の教会が管理していた。赤ん坊が生まれるとすぐに親はその子を所属の教会に連れて行ってキリスト教の洗礼を受けさせる。その際に親は子に名をつけて教会に登録する。この教会への登録がそのまま戸籍となり、その記録は後世まで残される。

モーツァルトの父はレーオポルトと言い、ザルツブルク大司教領（現オーストリア領）の領主・大司教の宮廷に仕える楽士（楽団員）でヴァイオリンの第四席であった。母はマリーア・アナ。二人の間の末の子となるモーツァルトの誕生は一七五六年一月二七日、洗礼は翌一月二八日に行われ、その際、父レーオポルトが用意していった名前が新生児につけられ、教会に登録された。

新生児の名前は次の四つと記録されている。

ヨアネス　Joannes

クリソストムス　Chrysostomus

ヴォルフガングス　Wolfgangus

テーオフィルス　Theophilus

カトリック教会は記録文書にラテン語を使っていたので、右の名前もラテン語で記録されている。それぞれを日常のドイツ語に直すとふつうには次のようになる。

ヨハン　Johann

クリゾストムス　Chrysostomus

ヴォルフガング　Wolfgang

テーオフィール　Theophil　またはゴットリープ　Gottlieb

この四つが、モーツァルトが親からもらった正式の名前である。

しかし、この種の長い名前をつけられた者が、その全部を実人生において使うことは少ない。いちいち全部を使うのでは寿限無《じゆげむ》寿限無になってしまうので、そのうちの一つか二つを実用にする。モーツァルトの場合は一つで、

Wolfgang

だけである（四つの名の中にもちろんアマデウスは含まれていない）。

モーツァルトは日常生活の中では生涯にわたってこのヴォルフガングだけを自分の名前として使ったので、ふだんの彼はヴォルフガングであり、だれからもヴォルフガングという名で呼ばれていた。あとの三つの名は平常の生活の中で登場することはなかった。

このヴォルフガングには愛称がある。

Woferl

というのがそれで、家の中や親しい人の間では彼はヴォファールと呼ばれていた（この語尾をerlとする愛称の作り方は当時の南ドイツではごく当たりまえの慣習であった。モーツァルト家でも姉のマリーア・アナはナナールと呼ばれ、飼い犬のビンペスはビンパールと呼ばれていた）。

話がややこしくなるとすれば、読者の方々は、とりあえず、モーツァルトの名は四つあったが使われたのはヴォルフガングだとおぼえていただければ良いと思う。

その彼が自分の洗礼名を全部知っていたか、と言えば、知っていたようで、生涯に二回だけ手紙の中にフルネームを登場させている。

一回目は一七七四年（一八歳）に、オペラ《ラ・フィンタ・ジャルディニエラ》La Finta Giardinieraの作曲上演のためミュンヘンに行ったモーツァルトが姉に宛てた手紙の結びの部分である（一七七四年一二月一六日付）。

Ich habe zahnwehe.
johannes chrisostomus Wolfgangus Amadeus Sigismundus Mozartus Mariae annae Mozartae matri et sorori, ac amicis omnibus, praesertimque pulchris virginibus, ac freillibus, gratiosisque freillibus

S: P: D:

ぼくは歯が痛い（←ここだけドイツ語で以下ラテン語）

ヨハネス・クリソストムス・ヴォルフガングス・アマデウス[*1]・シギスムンドゥス・モーツァルトゥスよりマリア・アナ・モーツァルト母君姉君並に友人諸兄、就中《なかんずく》美麗諸嬢娘子にご挨拶敬白仍《よつて》如件《くだんのごとし》

最初の一行だけドイツ語で「歯が痛い」と書いてあとはラテン語で書いたこの件《くだり》、本人はもちろん親愛の情をこめた冗談のつもりである。いたずら心を起こして、姉にラテン語で手紙を書いてやろうと思ったときに、知っているラテン語となれば、まずは自分の洗礼名であるとばかりに、ラテン語でずらずらと書き始めた。ところがこの名前、本来四つでいいところに五つ並んでいる（ここで洗礼名の四つ目がテーオフィルスでなくアマデウスになっている理由については四

六ページの説明を参照されたい）。五つ目の「シギスムンドゥス」というのは本人の名前ではない。どうしてこんなところに、他人の名前をつけ加えたのか……実は二回目に彼がこの四角四面のラテン語を（冗談で）手紙の中に書くときもこのシギスムンドゥスという名前を入れて書いているのである……?

ザルツブルクを飛び出したモーツァルト

その二回目に登場する手紙を調べてみるためには、そこに至る事情を多少知っておく必要はある。

問題の手紙は一七七七年（二一歳）の一〇月三一日付で、旅先のマンハイムから故郷の父親に宛てたものである。モーツァルトがどうしてそんな場所に行ったのかといえば――。

当時の彼はザルツブルクに住んでいた。ここは彼の生まれた土地であるが、当時は（今のように）オーストリア領ではなく、カトリック教会領であり、国王はおらず、領主はカトリック教会の大司教と呼ばれる高位の聖職者が当たっていた。モーツァルトが生まれたころの領主はジーギスムント・フォン・シュラッテンバハ伯爵・大司教であった。モーツァルトの父はすでに述べたとおりそのザルツブルクの領主の宮廷オーケストラのヴァイオリンの第四席であった。

このジーギスムント大司教とモーツァルト家の折合いは良く、神童が生まれて大評判になると、この親子はヨーロッパの一流の宮廷を訪問して歩き、職務を四年も放棄したのに、領主は咎《とが》めるどころか、むしろ「ザルツブルクの名声を高めた」と喜んでくれた。

ところが、この大司教が亡くなり（一七七一年）、後任として着任した新領主大司教ヒエロニムス・フォン・コロレード伯爵はモーツァルト家を抑圧する方針をとる。

その中で、何とかザルツブルクから脱出したいと夢に見るモーツァルトは、他国への旅行の許可を申請する。しかし、何度提出しても握り潰されてしまうのに業を煮やしたモーツァルトは、腹立ちまぎれのような過激な文面の申請書を一七七七年八月に提出する。

……私の父はそのあともう一度本件（旅行の許可）をお願いいたしました。しかるに猊下《げいか》におかせられてはこれを拒否され、臨時傭《りんじやとい》も同然の私なら一人で旅するがよかろうと仰せられました。状況はさし迫っており、私の父は私一人を旅させる決心をしました。しかるにその案もまた猊下におかせられては拒否なされたのでした。恐れ多くも尊き大司教猊下。親は子が自分でわが身を養えるように育てようと努めます。それは自分のためであると共に国のためでもあります。より大きな才能を神から頂戴している者はその才能を役立てる義務も大きくなります。…（中略）…才能を役立てよとは福音書の教えるところであります。そのゆえに私は神の御前においてそれを守る務めがあり、また、惜しむことなく私の養育に力を尽くした父の負担を軽くすべく私の全力を傾け、私自身を養うと共に、一日何時間もピアノの前に坐《すわ》りながら未《いま》だその才能の活用もできない私の姉の救済も考えねばならないのであります。
　大司教猊下におかせられましては寛容の徳を発揮されて、時候が寒くなる前の九月に私に休暇を与えられますよう願い奉るものであります。できれば今回はこの請願を無視されませぬよう、と申しますのも、三年前に私がウィーンへの旅行の許可を願い出ました折に、大司教猊下にはウィーンには私の求めるものはないから、いずれか別の土地を選ぶが良かろうと仰せられたことがありましたからであります。これまでのご恩寵《おんちょう》に心からの感謝を申し上げると共に、成長の暁にはさらなる良きご奉公が叶《かな》いますように願い奉るものであります。

ヴォルフガング・アマデ・モーツァルト

（傍点筆者、以下同）

さすがにこのしつこくて失礼な旅行願いに腹を立てたのか、今回の領主大司教の決裁は早かった（八月二八日付公文書）。

父と子は福音書の教えるところに従いて他の土地に幸運を求めることを許可する。

「どこにでも勝手に行きやがれ」とばかりに大司教はモーツァルトを親子もろともにクビを切ってしまった。親のレーオポルトのほうは仰天した。息子の出した旅行許可願いのとばっちりで自分までクビを切られてしまったのである。「他の土地に幸運を求めることを許可する」とは住民権を剝奪するという意味であり、ザルツブルクから退散しろということである。六〇に手の届く齢《よわい》でクビを切られたとあれば、もはや再就職はひどく難しい上に、もらえるはずの年金まで消えてなくなる。とはたちまち路頭に迷うことを意味する。突然振りかかった災難に彼は体調を崩して、どっと寝こんでしまう。

しかし息子のモーツァルトは「しめた、これでこのクソッタレの大司教との縁が切れた」とばかりに、天にも舞い上がる気分になっていた。世間は広い。その広い世間でかつての自分は引《ひ》っ張《ぱ》り凧《だこ》の神童であった。自分が自由になったと聞けば、あちこちから、たちまちに採用の声がかかるにちがいない。隣のミュンヘンも良い。ドイツ人の楽士たちを厚遇するマンハイムでも良い。パリは最高だ。七歳のぼくを元日のルイ王家の晩餐会《ばんさんかい》に呼んでくれたものだった。海の向こうのロンドンでも良い。ジョージ三世とシャーロット王妃は優しかったし、兄と慕うヨハン・クリスティアン・バッハもいる。

前途は洋々と開けているように見え、母と共にモーツァルトは意気盛んにザルツブルクを飛び出していった（間に入って取りなす人があり、父レーオポルトの罷免はまもなく撤回された）。

馬車は揺れるが母との二人旅の気分は最高であった。

「……私たちは王侯貴族のような気分でやってます」Viviamo come i principiと旅の最初の宿からイタリア語で父に報告した。

だが、世間の問屋はそう簡単には卸さなかった。最初の就職希望地はミュンヘンで、与《くみ》し易《やす》しと見ていた同地の領主のマクシミーリアーン三世侯には「時期尚早だ。しばらく姿を消しておれ。私は彼を断るつもりはないが、今は早過ぎる」と言って断られた。

だが、ミュンヘンで初戦に振られたことも、モーツァルトの楽観的な気分を変えることはなかった。次の就職目標はマンハイムである。マンハイムのカール・テーオドール侯は政治の面でも極めて野心的な領主であったが、音楽に関して言えばフランス風のバレエつきのオペラや、強弱対比のはっきりしたパリのオーケストラのスタイルを好んだ。彼はドイツ人の楽士たちを（安上がりだからか）使っており、フォーグラー、シュターミッツ、カンナビヒなど著名なドイツ系の楽士たちがヘッドであり、イタリア人が楽長でないのも暮らし良さそうに見えた。

猥雑《わいざつ》なベースレ書簡とカノン

そのマンハイムを前にしてモーツァルト母子はレーオポルトの生地アウクスブルクに立ち寄った。ここは今の言葉で言えば自治領であり、領主のいない自由都市であったから、モーツァルトの就職のためには用のない場所であった。だが有名なシュタインというピアノ作りの名人がいたし、父レーオポルトの弟のフランツ・アーロイスが製本の親方《マイスター》として現役で商売をしていたので表敬のために立ち寄ったのである。ところがこのアウクスブルクで、ただでも浮き浮きとした気分のモーツァルトがさらに舞い上がるような事件が起きた。

叔父の家にマリーア・アナ・テークラ（モーツァルト）というコケティッシュな娘がいたことである。二人は初対面からすぐに意気投合してしまい、モーツァルトの一八番の猥雑で汚らしい（糞尿語《スカトロジー》）冗談を飛ばし合って過ごした。それはこんな具合である。

……それではお休みなさい。でもその前に君のベッドでウンコして音を立てろ。では、いとしの君よ安らかに眠れ、君の口に尻を突っこめ。明日は話、野放し、少し、上品にしよう。ぼくはたくさんお話しする、君のために、ある、君、できない、わかること、ぼく、どれだけ、話すこと。でも聞くだろう、君は、明日。それではさようなら、ああおケツが火のように燃えてきたぞ。一体こりゃ何事だ――。

猥雑な言葉を連ねた上に語順を転倒させたこの奇怪な文章は、モーツァルトからそのマリーア・アナ・テークラ嬢に宛てた数通の手紙の一部である（一七七七年一〇月）。

これらの手紙はベースレ書簡（ベースレは従妹のこと）と呼ばれ、第二次世界大戦前には、ドイツ人たちの手によって封印され、人の目に触れることはなかった。

こうした文面は時に意図的に〝書かれた〟ものではなく、モーツァルトが浮かれてハイになったときにマシン・ガンのように口をついて出てくる言葉がそのまま綴られたものである。そして、それはモーツァルトに一生つきまとっていた生活習慣の一部であることは、のちにウィーンで暮らすようになったモーツァルトがこのような猥雑な言葉によるかなりの量のカノンを作詞作曲して自宅で仲間たちと歌って興じていたことからもわかる。

たとえばこんなカノン（K五六二）である。

Bona nox, bist a rechta Ox
Bona notte, liebe Lotte
Bonne nuit, pfui, pfui
Good night, good night
Heut müßma noch weit
Gute Nacht, gute Nacht
Scheiß ins Bett daß kracht

これは〝お休み〟という挨拶の言葉を一行目がラテン語、二行目がイタリア語、三行目がフランス語、四行目を英語で書き、一行置いてドイツ語で書くのに対応して語呂あわせに駄語?を配したものである。

これの訳詞なるものを試みたことがある。

ボナ・ノックス、ノックする
ボナ・ノッテ、飛び乗って
ボヌ・ニュイ、チチンプイ
グッナイ、グッナイ
きょうはまだある
グーテ・ナハト・グーテ・ナハト
ベッドで糞《くそ》してぶっとばせ

呆《あき》れた歌だが、彼は大まじめ?にこれを四声のカノンに作曲して譜面にし、作曲の日時まで書き添えた(一七八八年九月二日)。一七八八年という年の彼は借金で首が回らず、ふうふう言っていた。生涯で一番落ちこんだ一年でもある。そんなときでも彼は日常的にこういう羽目を外した遊びをやり、ゲラゲラ笑っていたのである。まことに不思議なメンタリティというかテンペラメントの持ち主で、類例を知らない。

だが、そこに彼の〝語学〟が〝遊び〟と結びつくという事実が現れているのを見て欲しいと思う（ちなみに彼の猥雑なカノンはほかに何曲も残されており、譜面にならなかったものも多数作られ歌われたと思われるが、戦前のドイツ人たちはこうした猥雑なカノンの歌詞をありふれた別の歌詞に入れ替えて出版し、モーツァルトのイメージの上品化を図っていた）。

フルネームを使った二回目の手紙

さて、ヨアネス・クリソストムス・ヴォルフガング・ゴットリープという洗礼名《フル・ネーム》が登場する二通目の手紙というのは右のようなこうした〝躁《そう》状態〟のモーツァルトの書いたものである。一七七七年一〇月三一日付で、マンハイムから父親に宛てた手紙のその書き出し自体は落ちついたもので、本日当地のコンサート・マスターのカンナビヒの家を訪れた、明日はオーケストラの監督のサヴィオーリ伯爵のもとに連れて行ってもらう、などの短い雑報である。ところがその結びの部分が突然にふざけたものになる。

……リハーサルの予定だったオラトリオはヘンデルの作品でした。でもぼくは聴かずに席を立ちました。というのはヘンデルの前に当地の副楽長のフォーグラーの詩篇（マグニフィカト）のリハーサルを一時間もやるというからです。では、これで終わります。今からぼくの〝従妹《ベースレ》ちゃん〟に手紙を書くんです。パパの手にキス、姉上には礼儀正しく抱擁を送ります。

⊖ヨアネス　クリソストムス
♡シギスムンドゥス
♯ヴォルフガング
　ゴットリープ
　　　モーツァルト

♯きょうはぼくの命名の祝日です。
♡そこで私は堅信名を書きます。
　⊖一月二七日は私の誕生日です

そのほか私たちの知人の皆様へ　特にレーオポルト・アルコ伯爵　ブリンガー様　カタール（カトリーヌ）さん　その他　ウンコ仲間の皆様へ

突然に現れたモーツァルト特有のおふざけゲームにまたもや驚かれた読者もあると思われるが、これが彼の四つのフルネームがラテン語で登場する二度目である。ところで、今回の署名も⊖や♡などのイラスト付きで、本人が冗談ムードであることがわかる。前回もふざけて姉のナナールに書いた手紙がラテン語であったが、冗談を言う気になるとラテン語が口をついて出てきてしまう。他人には見られないモーツァルトの特技である。

通常の文面が突然冗談に化けた理由は手紙の終わりに近い一行の中にある。

「……では、これで終わります。今からぼくの〝従妹《ベースレ》ちゃん〟に手紙を書くんです」

そうだ、忘れてた、あの子に手紙を書くんだ、と思ったとたんにモーツァルトの筆は舞い上がって〝冗談多発性症候群〟ともいうべき躁状態になってしまう。この時期の彼にとっては冗談はラテン語と直結していた。

シギスムンドゥス探し

ところでこの手紙には多くの謎や注解を要することがある。

まずは、

「♯きょうはぼくの命名の祝日です」

確かに一〇月三一日は彼にとっては〝命名〟の祝日である。

この〝命名の祝日〟なるもの（Namentag）は当時のドイツ人たちにとっては〝誕生日〟より重要であった。どういう日かといえば、キリスト教の三六五日にはそれぞれ三六五人の聖人が割り振られており、たとえば、一〇月三一日はヴォルフガング聖人の日なのである。で、ヴォルフガングという名前を教会に登録した赤子は誕生日がいつであろうと、一〇月三一日、すなわちヴォルフガング聖人の日が、その人の〝霊名の祝日（命名の祝日）〟ということになる。つまり、ヴォルフガングという名前の人は〝聖ヴォルフガング上人〟がその人の一生の守護聖人というわけで、本人の誕生日が何日であろうと関係なく、その人の日が誕生祝いの日となるのである。だから手紙を書いたこの日は彼の誕生日でお祝いの気分だというわけである。

次なる問題は、彼の洗礼名は四つしかないのに、二通とも五つ書かれていることである。二通目を例にとれば、それは、

ヨアネス
クリソストムス
シギスムンドゥス
ヴォルフガング
ゴットリープ

となっている。この真ん中に鎮座しているシギスムンドゥスとは何であるか。二通ともこの

夾雑物《きょうざつぶつ》が入っている。もちろんこのラテン語は人の名前であり、モーツァルトが調子に乗って冗談のついでに放りこんだものである。だが生涯に二回しか書かなかった自分の洗礼名の中に、しかも今回は中央に、堂々とまぎれこんできているとすれば、この名は日頃から彼の潜在意識の中に潜んでいて、自分の洗礼名を書き始めると、それが反応を起こし目覚めて顕在化してくるのではないか、と思われるではないか。

とすれば、これはだれかモーツァルトの近辺に存在している人の名前で、なぜかそれが潜在化しているのではないかと仮定してみる。その際、シギスムンドゥスというラテン名は平たいドイツ語ではジークムントとなるので、まずはこのジークムントなる人物の存在をモーツァルトの周辺で洗ってみる。何人かの候補が見つかる。

一人はジークムント・ハフナーだが、この人はザルツブルクの市長で、レーオポルトや息子のヴォルフガングのパトロンの一人である。モーツァルトはこれまでにハフナー家のために二曲のセレナーデの名曲を書いている（一曲はのちにシンフォニーに改造＝ニ長調　K三八五）。

このハフナーよりさらに名家のロードロン元帥家の御曹子にもジークムントがいる。ロードロン伯爵夫人はモーツァルトをひいきにして、自分の二人の娘のピアノの教師をさせているし、前年にはモーツァルトはロードロン夫人とその二人の娘をソリストにした和気あいあいたる三台のピアノのための協奏曲（K二四二）を書いている。モーツァルトの父はロードロン家の御当主の伯爵のことを手紙の中で〝ビヤ樽《だる》〟Baucherl というニックネームで呼んだりしている。それからすればモーツァルト家とロードロン家はごく親しかったと思われるが、その御曹子の名がジークムントなのである。

次なるジークムントはバリザーニである。この彼はモーツァルトとは年齢が近く、幼いころからの親友であった。秀才の誉れ高く、兄と共に父の職業を継いで医師となった。のちにジークムントはウィーンに出て、モーツァルトにとっては恰好《かっこう》の侍医となるが、残念なことに彼は先に死んだ。そのときのモーツァルトの悲しみようは特別だった。

四人目のジークムントはロビニヒ家の当主である。ロビニヒ家は先代が事業家で鉱山の経営などによって産を成し、貴族の末端に叙せられていた。跡を継いだジークムントもまた秀才で、ザルツブルクの大学の卒業生である。稀代《きだい》の名曲〝ディヴェルティメント　ニ長調　K三三四〟は、このロビニヒ家のお祝いの行事のために書かれたとされる。

ハフナー市長の後継ぎのジークムント
ロードロン元帥家の御曹子のジークムント
親友の医師の卵ジークムント

ロビニヒ家の当主のジークムント

しかし、これらの四人は、しげしげと見れば、仲の良い友人知己ではあったとしても、自分のラテン語の洗礼名の中に組み込むほどの特別の関係にはない。つまり彼の潜在意識の中にいつも住んでいるようなことはないと思われるのである。

そうなると捜査網の中、残る名前は一つしかなくなる。

ジーギスムント・フォン・シュラッテンバハ伯爵

これより五年前にこの世を去った、ザルツブルクの前の領主にして大司教のジーギスムント・フォン・シュラッテンバハ伯爵がそれである。

モーツァルトは生まれながらにこの人の臣下という身分であった。モーツァルトという才能を開花させることができたのは父レーオポルトのほかにシュラッテンバハ伯爵に負うところが大きい。何よりこの伯爵は神童とその父親にとっては寛容な傭《やとい》主《ぬし》であった。モーツァルト親子がザルツブルクの一楽士としての職務を放り出して、何度も旅に出るのを許してくれたのは、それだけでも特記されるべきだが、中でも七歳から一〇歳まで、三年半にわたるヨーロッパ大旅行を許してくれたことは別格で、お蔭で親子は当時のヨーロッパの文化や経済の中心であるパリやロンドンを訪問し、国王ルイ一五世や王妃、王女、ポンパドゥール夫人、あるいは英国王ジョージ三世とシャーロット王妃などの知遇を得るという、この上ない名誉を手にし、それによって全ヨーロッパに神童の名を轟《とどろ》かせることができたのだった。それもこれもジーギスムント・フォン・シュラッテンバハ大司教の寛容の徳があってこその話だった。

ところがその大司教は一七七一年一二月に死去し、後継ぎの領主・大司教として選任され、赴任してきたのが、ヒエロニムス・フォン・コロレード伯爵である。この新領主は前任者とは打って変わって、モーツァルト親子をのさばらせぬよう意識的な締めつけを行った。その締めつけぶりの凄《すさ》まじさとそれに対するモーツァルトの反逆心のほどは一五三―一五七ページを見て頂くとして、コロレード伯爵の締めつけがひどくなればひどくなるほど、子供心に焼きついた前大司教の寛容の徳が、モーツァルトの心の中で、対照的に膨れ上がっていくのは容易に推察できることである。前の大司教ならこんなひどい目に遭うことはなかったのに、と思う心はますます現大司教に対する反発につながっていく。

今、問題にしている二通はいずれもそんな逆風から瞬間的に解放された旅先のモーツァルトの書いたものである。自分が天才であることに目覚めれば目覚めるほどに、ザルツブルクの山の中に埋もれたくない、広い世間と交流を持ちたいと思うのは容易に理解できる。テレビも電話もｉＰａｄもない時代に外界を知るには自分が出歩くしかなかった。その中で領主のイビリが旅行の禁止という形で降ってきている。封建時代においては、領民とは領主の所有物のようなものであった（現に、前世紀の三十年戦争のころのドイツには自国の領民を他国に戦力として販売した領主もいるのだ）。領主の許可がなければ、自国の領土から出られないのが領民である。すでに見たとおりモーツァルトは何度も領主に旅行許可を申請したが、その度に拒否されるという目に遭ってきた。

問題の二通の手紙はコロレード大司教のもとを離れて自由な解放感に浸っているモーツァルトによって書かれたというところに解答の鍵があろうか。

籠の鳥の身分から脱して、今、外界の自由な空気を満喫してルンルンの気分になっているモーツァルト。そのモーツァルトの書く手紙の上に、潜在意識の中から自由の象徴のような前大司教の名が舞い降りてきたとしても、それはさほど不思議なことではあるまい。

ヨアネス・クリソストムスはどこから来たか

次なるミステリーの解明に移ろう。二通目の手紙で洗礼名の上にモーツァルトが奇妙な印をつけている。これは一体何なのか。答えは〝一種の注である〟ということになるが、ふつうは自分の書いた手紙に注解をつけるようなことはしない。この天才児はどこまでも独創的である。

最初のヨアネスとクリソストムスは切り離さず、二つをまとめて⊖印をつけており、これの注を見ると、「⊖一月二七日は私の誕生日です」と書いてある。父親を相手にわかり切ったことをなぜわざわざ注記するのだろう。

その不審の念をしばらく措《お》いて次に進むとすれば、♯のマークはヴォルフガングの上につけられていて、その注釈のところには「きょうはぼくの命名の祝日です」と書かれている。これも父が百も承知のことであり、息子がわざわざ父の注意を喚起することもないようなものである。

そして残った♡のマークの注記を読むとこう書いてある。

「♡そこで私は堅信の名前を書きます」

これに見る限り、世の中に堅信式（キリスト教における成人の儀式）の日に命名される特別な名前があり、それは洗礼名と同格のもので、モーツァルトの場合それがシギスムンドゥスであると、素知らぬ顔で（大まじめ風に）のたまわっているのである。四つの洗礼名を五つにしたのは堅信式の名を加えたからだ、と言うのだが、もちろん彼の得意の冗談であり嘘《うそ》である。

周りを煙に巻くモーツァルトだが、新大司教にイビられ続けた挙げ句にクビになって就職旅行に出た彼は、旅先で、なぜ自分がこんな旅の宿にいるかと考えれば、怒りと怨恨はコロレード大司教に向かう。彼は父への手紙の中で彼のことをMufti H. C.と呼んでいる。すなわちH・Cとはヒエロニムス・フォン・コロレードの頭文字でMuftiとは回教の聖職者のことである。この大司教をキリスト教徒と認めないというもので、ひどい罵倒である。もしコロレード大司教への怒りの炎の向こうに浮かび上がってくるものがあるとすれば、そのアンチテーゼのように優しかった前大司教ジーギスムント様であるにちがいない。その名前はぼくの名前と同様に大切な名前なのだ。

ふつう新生児に洗礼名をつけるときには、〝名付け親〟という人が選ばれて教会の洗礼に立ち会い、その人自身の名を赤子につけたりする。それによってその人は名付け親とか名親、代父（母）、Godfatherなどと呼ばれることになるが、この〝名付け親〟は時に親にも代わる重要な役割を持つことがある。そこで実の親は、子供が生まれそうになると、あらかじめこの名付け親になってくれる人を選んで、命名の件を頼んでおく。

ところが、ヴォルフガング・モーツァルトにはこの名付け親がいない。頼まれてくれる人がなかったのか、他人に頼むまでもあるまいと父親が思ったのか、レーオポルトは洗礼には一人で出かけていって一人で命名した。それがヨアネス・クリソストムス・ヴォルフガングス・テーオフィルスなのである。

このヨアネス・クリソストムスという名はかなり風変わりだが、この名はどこから来たのか、どうしてこんな名前をレーオポルトは思いついたのか。レーオポルトの先祖や近所の人にこんな名前は見当たらない。歴史上の人物や小説の主人公にしても、このクリソストムスという名前を見かけることは少ない。

ところがカトリックの聖人の名前をたどっていくと、ヨアネス・クリソストムスという一人の聖人が見つかる。彼は実在した聖人で西暦三四七年（推定）に現トルコ領のアンティオキアに生まれた。三八六年、キリスト教の神父となると、その説教に魅力があるといって評判になり、アンティオキアを中心に活動し、三九八年、五一歳のときにコンスタンティノポリス地区の主教位に叙せられた。清貧に甘んじ、富める人たちを非難したためしばしば追放の憂き目に遭い、最後はポントスで客死する（四〇七年）。死後、生前の伝道の功により聖人に列せられる。ヨアネスは本名。クリソストムスは彼の姓ではなくニックネームないしは愛称で、このギリシャ語の意味は〝黄金の口〟である。彼の名演説ぶりを讃《たた》えて、生前から〝黄金の口《クリソストムス》〟と呼ばれていた。ギリシャ正教は一一月一三日を以《もっ》てこの聖人の日とし、ラテン系のカトリック教会では一月二七日を以てこの聖人の日としている。

なぜ、レーオポルトが新生児に〝ヨアネス・クリソストムス〟という風変わりな名をつけたか。理由は簡単で、この子の生まれた日、一月二七日が聖ヨアネス・クリソストムスの日だったからである。レーオポルトはこの聖人の名前をヨアネスとクリソストムスの二つに分割してわが子の名前とした。

E・T・A・ホフマンの幻想小説

以下はヨアネス・クリソストムスという名前をめぐる〝蛇足〟である。

E・T・A・ホフマン（一七七六―一八二二）という著名な作家がいる。年齢から言うとモーツァルトより二〇歳若い。ドイツ・ロマン派の作家として、音楽家、音楽評論家として活躍した。

音楽家としてのホフマンは一八〇八年（三二歳）から五年ほどバンベルクで劇場監督兼指揮者として活動していたといえば十分であろう。作曲家としてはオペラ《水の精《ウンディーネ》》が代表作で、シンフォニーや室内楽の作品もかなり残されている。

音楽の評論家としてはグルック、モーツァルト、ベートホーフェンらを賞揚し、その道はやがてシューマンに引き継がれることになる。

しかしE・T・A・ホフマンの名はやはり文学の世界のもので、その幻想性豊かな短篇はドイツ国内だけでなく、国外の多くの人を魅了し、アルフレ・ド・ミュッセ、ジェラール・ド・ネルヴァル、テオフィル・ゴーチエ、シャルル・ボードレール、ウォルター・スコット、エドガー・アラン・ポーらの外国の有名な作家たちに影響を与えた。

そして彼はだれよりもモーツァルトの熱烈なファンであった。

その証拠は、と問われれば、彼の名前にあると答えよう。

今ではホフマンの名前はだれもがE・T・A・ホフマンだと思っているし、その名前が天下を闊歩《かっぽ》している。しかし彼の本名は、

Ernst Theodor Wilhelm（エルンスト・テーオドール・ヴィルヘルム）

である。それなら、省略形はE・T・Wとならなければならない。ではこの「W」の代わりに入っている「A」とは何なのか。

それは彼がモーツァルトの名前だと信じこんでいたアマデーウスの「A」なのである。*2 彼はモーツァルトへの思いが余って、ついにアマデーウスという名を自分の名に取りこんだのである。つまりE・T・Aとはエルンスト・テーオドール・アマデーウスの略称である。

その半分音楽家の小説家E・T・A・ホフマンの書いた自伝的小説に『カロ風幻想作品集』があり、シューマンのピアノの大曲「クライスレリアーナ」にその名を留《とど》める〝楽長クライスラー〟が登場する。その中のエピソードの一つに次のような話が出てくる。

さる辺境貴族《ユンカー》の居城に見知らぬ若い男が現れたが、この男は教養も豊かで服装もこの地方のものではなかった。そのお城の庭は歌に溢《あふ》れていたが一本の古木の根方に珍しい形や色をした石があった。「……この異邦人はその木のところで見知らぬ遠い国のことや知らない人々のこ

と、珍しい動物のこと」などを、いつも携えているリュートの弾き語りで語ってくれるのだが、この男の周辺には何かこの世ならぬ雰囲気が漂っていた。〝お城の若く美しい令嬢〟はこの若い男に夢中になり、夜な夜な逢瀬《おうせ》を重ねるようになる。しかしある夜を最後に二人の姿は消えてしまった。まもなく令嬢の遺体が発見されるが、そこは例の木の下の石があるところで二人が密会を重ねた場所でもあった。探しに来た父君が見るとその石から血が流れ出しており側にはこわれたリュートがあった。この事件のあと、毎年夏になるとナイチンゲールがその場所にやってきて「真夜中になると嘆きに満ちた声で、心の奥からしぼり出すような旋律を歌うようになった」という。

いかにもホフマン風の幻想的な物語だが、この話を作者に語ってくれる人物が〝クリゾストムスと呼ばれる静かで温和な青年〟なのである。

ところでこの小説を構想しているときのホフマンは主人公の名前にありふれたヨハンでもヨーゼフでもなくどうして風変わりなクリゾストムスという名前を選んだのだろうか。だが小説の主人公の二人の名前を

　ヨハネス・クライスラー楽長と
　クリゾストムス青年

というふうに並べて書けば、モーツァルトのヨアネス・クリソストムスという洗礼名が立ち上がってくるではないか。
ヨハネスとクリゾストムスが一つの小説の中に登場する。これは偶然の符合なのだろうか。E・T・A・ホフマンは、当時はほとんどだれも知らなかったはずのモーツァルトの洗礼名を知っていたのだろうか。ホフマン風に言えば答えはイエスとなろうか。彼は超自然の話が大好きでまじめにお化けを登場させるが、モーツァルトの洗礼名を登場させるのも超自然のもたらしたインスピレーションなのだろうか。

註
＊1　このアマデウスもラテン語である。アマデウスはドイツ語でもラテン語でも同じ綴りになるのでややこしいが、この場合周囲がラテン語であるのでラテン語と認定できる。彼は本来ならここに「テーオフィルス」という名を当てるべきであるが、性来のズサンさで別の名前を書いてしまった。テーオフィルスというのはギリシャ語系の言葉であるが、テーオは神のことでフィルスは愛のことなので、それはアマ（愛）デウス（神）と同じ意味になる。どっちでもいいやとばかりにこの冗談お手紙の中に書いてしまったと思われる。
＊2　ホフマンがモーツァルトの名をアマデーウスだと思いこんでいたとすれば、そのニュース・ソ

ースはF・X・ニーメチェクの書いた早い時期におけるモーツァルトの伝記（一七九八年刊）と思われる。この本はモーツァルトの未亡人コンスタンツェに取材したものであるが、彼女はモーツァルトの死後、亡夫に関する悪いイメージの一掃に乗り出し、彼を由緒正しい人間に仕立てようとしていろいろの工作をしていた。夫の名前をアマデではなくアマデーウスという常識的な名前に取り替えたのもその一環である。ニーメチェクの本の中に登場するモーツァルトの名は、ヴォルフガング・ゴットリープすなわちアマデーウス Wolfgang Gottlieb, oder Amadeus と書かれている。

この本が出版されたときはホフマンは二二歳という多感な時期であり、彼はすなおにモーツァルトの名をアマデーウスと思いこんだと思われる。

第二章　ヴォルフガングとアマデーウス・モーツァルト的

「アマデウス」は洗礼名に由来したのか？

モーツァルトは二〇世紀にアマデウスという名で通用するようになっており、それを使って有名な映画が誕生したが、モーツァルト本人は〝アマデウス〟という署名をしたことがない!?……

おそらく二〇世紀の研究者たちは、アマデウスとは彼の洗礼名に由来するものだと考えたのではなかろうか。というのは、彼の洗礼名の中にテーオフィールという名前があるからである。テーオフィールはギリシャ語由来の名前でテーオは神を、フィールは愛を意味している。序曲に引用した『プチ・ロベール2』という辞書では、これを平明なドイツ語のゴットリープに直して紹介していたが（前章にあった手紙の中でもラテン語の名前にまじってこれが使われている）、ゴットは神を、リープは愛を表す言葉なので、テーオフィールとゴットリープは同義の言葉と言うことができる。
そしてモーツァルトに後世のドイツ人がつけた名前のアマデーウスはアマ（愛）デーウス（神）という語義を持っており、その点では、
テーオ（神）フィール（愛）＝ギリシャ語系
ゴット（神）リープ（愛）＝ドイツ語
アマ（愛）デウス（神）＝ラテン語系
の三つは、同根の言葉と言うことができ、互換性があると言えばあるのだが、ふつうに言えば、テーオフィールという名前の人が、ある日突然に、きょうから私はアマデーウスと名のることにしました、というようなことはなくて、テーオフィールさんは一生テーオフィールさんであり、ゴットリープにもアマデーウスにも変わることはない。
その意味では、ある日、モーツァルトが自分の洗礼名にテーオフィールというのがあるのを思い出して、そうだ、テーオフィールというぼくの名前を改造してアマデーウスにしよう、と思いついたとは考えられない。また、そうする必然性も見当たらない。
事実、彼はふざけたときに書いた手紙（第一章参照）以外は一度もアマデーウスと自分を称したことはなく、類似の呼び方をしたとすれば、〝アマデーオ〟であり、一四歳以降の彼は終生アマデーオと署名するが、この名前は、彼が自分の洗礼名のテーオフィールをアマデウスに

改称し、さらにアマデーオに変形させたという操作によるものではない。アマデーオはこのあと第六章に述べるように、ある日天から降ってきた名前であり、彼が喜んで（喜ぶ理由があって）それを自分の名前として使うことにしたものである。アマデーオとアマデーウス、それは全く似て非なる由来のものである。

「アマデーウス」と書かれた別の手紙

ところで、モーツァルトがアマデーウスという名を書いた手紙がもう一通だけ存在する。

前章で引用した一七七七年一〇月三一日付の父宛ての手紙——例の、洗礼名を四つならず五つまで書き飛ばしたイラスト入りのサインのついた手紙——の一週間ほど前の一〇月二五日に書いたものである。この前後は就職旅行の途中で立ち寄ったアウクスブルクで〝従妹《ベースレ》ちゃん〟と彼が呼ぶ若い娘に出会ってルンルンの気分になり、舞い上がっていたことは、すでに見たとおりである。その楽しかったアウクスブルク——できることならこのまま居続けたいところだったが就職旅行とあればそれもならず——に別れを告げて、明日は主要目的地の一つのマンハイムに向かって出発するという日（一〇月二五日）、モーツァルトは父に宛てて手紙を書いた。その大半の内容はただの報告や連絡であるが、結びのところにくると例によってふざけたものになる。

……明日はここを出発してワラーシュタインまでずい――――っと直行します。パパがお手紙を下さるなら、私たちの次の逗留先《とうりゅうさき》が決まるまで（拘留《こうりゅう》*1先じゃありませんよ）あの叔父さんの家宛てでアウクスブルクに送ってくださるのが最善と思います。

　ぼくの可愛《かわい》い従妹《ベースレ》ちゃんはお二人によろしくとのことですが、あの子は決して〝坊主狂い〟*2などではありません。昨日もぼくを喜ばせようとしてフランス女のようなドレスでめかして来ました。そうすると五パーセントほど女ぶりが上がりました。では、さようなら《アッディーオ》。パパの手にキス、お姉様を抱擁してそれからもろもろの皆様にはよろしく。これからぼくはトイレのほうに行きまして、多分ウンコを一本ひり出しますところの相変わらず大バカのヴォルフガングとアマデーウス・モーツァルト的、アウクスブルク、一〇月的二五日、一七〇〇と七〇年的。

Morgen reisen wir nach Wallerstein schnurr ――――― gerade.
ich glaub es ist am besten der Papa schliest die briefe noch immer meinem vettern ein, bis wir einmahl in einem ort sizen bleiben. aber nicht in Arrest, versteht sich. Mein liebs bäsle, welches sich beyderseits empfehlt, ist nichts

wenigers als ein Pfaffenschnitzl. gestern hat sie sich mir zu gefallen, französisch angezogen. da ist sie nu 5 p cento schöner. Nun addio. ich küsse dem papa nochmahlen die hände, und meine schwester umarme ich, und allen guten freünden und freündinen empfehle ich mich, und auf das heisel nun begieb ich mich, und einen dreck vielleicht scheisse ich, und der nähmliche narr bleibe ich, Wolfgang et Amadeus Mozartich, augspurg den 25 octobrich, 1700 Siebenzigich.

（アンダーラインは筆者、以下同）

疑い深い方のために原文をつけたが、ここに見られるふざけ方はすでに見たとおりモーツァルトには日常的なもので、調子に乗るとすぐに始まってしまうものである。「では、さようなら」Nun addio 以降がそのおふざけの部分で、Nun はドイツ語で addio はイタリア語である。調子に乗ってくると外国語がこのように断りなしに入りまじって出現する。そのあと、文節ごとに自分を表す ich《イヒ》（mich《ミヒ》）という音を並べて、ブリキにタヌキにチクオンキ的な効果を生み出す。わずか三行余りの間にイヒとミヒ合わせて八回続けざまに出てくるが、そのあとは余勢を駆って、イヒがつかない（ついてはならない）名詞や固有名詞にイヒをくっつけているのである。

Mozart→Mozartich（自分の姓）
Oktober→Octobrich（一〇月）
Siebzig→Siebenzigich（七〇）

訳文は処置に困って、とりあえず -lich という形容詞語尾よろしく〝モーツァルト的〟〝一〇月的〟〝七〇年的〟とやったものである。しかしこんな訳では原文のイッヒッヒという笑い声が聞こえてこない。

署名の仕方もふざけている。ふつうなら手紙の文章が終わったあとに、改行して、署名するものだが、この手紙では極めて例外的に（ほかの例は皆無）署名と日付は文章の中に組みこまれている。

そこでの彼の名前は、

Wolfgang et Amadeus Mozartich

なのだが、奇妙なことに Wolfgang と Amadeus の間に「et」という接続詞が入っている。この et はラテン語（エト）で、英語でいえば and に当たる。ヴォルフガング・アンド・アマデウス・モーツァルトと書いたわけだがこれをこのまま、ふつうに読むとすれば

ヴォルフガング・モーツァルトと、
アマデウス・モーツァルト

の二人が署名したことになる（巻末附表のモーツァルトの署名をご参照いただくと、一七八二年以降の彼が〝ヴォルフガングとコンスタンツェ・モーツァルト〟とサインしているのがお目に留まると思うが、それと同工異曲である）。

ではヴォルフガングとアマデウスは別人であるのか。となると「ジーキル博士とハイド氏」の二重人格の物語になるが、第六章で詳述するように、モーツァルトは姉宛てに、

ドイツではヴォルフガング Wolfgang in Teütschland

イタリアではアマデーオ Amadeo in italien

と書いたことがある。この言葉にはかなりの思い入れがあり、また本書のキー・ワードでもあるが、その件は第六章以降に述べる。

「アマデウス」はラテン語かドイツ語か

問題はこの署名 Wolfgang et Amadeus Mozartich の両端の Wolfgang と Mozartich の二つの言葉はドイツ語であるとしても、真ん中にある et Amadeus の二つは正確には何語のつもりだったのか、とにかく本人は何語でもチャンポンに使うのでわかりにくい。Amadeus はドイツ語にもとれるし、ラテン語でも同じ表記になる。[*3] et（エト）はラテン語であるが同じ綴りでエと読むとフランス語になる。

しかし大まじめに侃々諤々《かんかんがくがく》と議論しても始まることでもなさそうである。なにしろ本人自体が冗談ムードで出まかせなのである。とはいえ、まじめに裁定を下すとすれば、最初の「ヴォルフガング」は（もちろん）ドイツ語で、そこで転調して「エト・アマデウス」とラテン語になり、再転調して「モーツァルティヒ」とドイツ語になる。と解釈するあたりが妥当であろうか。

註

＊1　モーツァルトは sizen（正しくは sitzen）という動詞に〝滞在する〟という意味と〝刑務所に入る〟という意味があるのでダジャレを言ったのである。

＊2　従妹ちゃんは教会の聖職者を相手にする娼婦であるとの風評があり、また事実でもあった。レーオポルトがそれを知っていて、息子に注意をうながしたことに対する抗弁。

＊3　モーツァルトには夭逝した兄がいるが、その洗礼名はラテン語で Joannes Carolus AmaDeus と書かれている。

第三章　悪夢への前奏曲

大学を追放された父レーオポルト

モーツァルトの父レーオポルトはアウクスブルクの製本職人の家に生まれた市井の子であったが秀才ぶりを認められて奨学金を支給され、高く狭き門のザルツブルクの大学へ進学するという、超エリートのコースを歩む若者となった。そのままいけば、それこそ「末は博士か大臣か」と人も羨む存在として、当時の庶民出身者としては稀《まれ》な高位高官の椅子が約束され、貴族たちに伍《ご》して上流の社交界を泳ぐような生活ができたかもしれなかった。そうなれば、どこぞの貧乏貴族か、金持ちの名士の娘と（政略）結婚をしていたかもしれない。もし、そうなったとしたら、人類の文化史に名を残すヴォルフガング・モーツァルトは生まれてこなかったことになる。だが歴史に〝れば〟と〝たら〟はない。

幸か不幸か、レーオポルトは大学を退学させられるという事件に出合った。*1 理由は未だに不明であるが、これによって彼は人生の挫折を味わった。父はすでに亡く、母には勘当されていたレーオポルトは、食べていくために社会の最下層に属する〝楽士〟の世界に身を落とす（彼はカトリック教会で教育されたため、音楽を一通り身につけていた。彼より少しあとのハイドンも、そしてシューベルトも、教会育ちの音楽家である）。ザルツブルクの一貴族の家の楽士を振り出しに、のちには宮廷オーケストラのヴァイオリンの第四席に坐るようになったとしても、彼はその〝楽士〟という最低の身分から抜け出ることはできなかった。

楽士たちが出世するための唯一の望みの綱は〝宮廷楽長《カペルマイスター》〟という地位を手に入れることだった。楽長と平《ひら》の楽士とでは身分処遇に歴然とした差がある。給料だけで言っても、息子が生まれたころのレーオポルトの年俸が三五〇グルデンであったのに対して、各地の王侯貴族たちの〝楽長《カペルマイスター》〟ともなれば、一桁違う何千グルデンという金がもらえた。金銭だけではなく、楽士を平社員にたとえれば、楽長は重役待遇であり、楽士を管理する立場にあった。楽士たちが単なる召使として料理人、門番、馬丁と同じに扱われたのに対して、楽長はお殿様と親しく言葉を交わし、来賓たちにご挨拶したり、その対話の輪に入ることもできたのである。かつて大学に進学し高位高官になる夢を見たエリートのレーオポルトが望んでいた生活は、その〝楽長〟という座を摑《つか》むことができれば、再び叶えられることになったであろう。

元エリートゆえに、屈辱の地位から抜け出て楽長になりたいと思い、またそのための努力を彼は惜しまなかった。貴族の邸に保存されている古今の楽譜を研究し、その上で、時代の好みに合うような音楽を次々に作曲していった。今では〝そり乗りの遊び〟と題される小曲しか演奏されないが、彼の作品はシンフォニーを初めとして、ミサなどの大型の宗教曲から、各種のオーケストラ音楽、小編成の室内楽やソロの曲に至るまで数十曲の作品が発見されている（実際にはそれよりずっと多くの曲が作られたと思われる）。

さらに息子の生まれた年には、当時は少なかったヴァイオリンの教則本『Versuch einer gründlichen Violinschule』という著作を著し、領主の大司教に献呈し、ジャーナリズムには画期的なメソドとして好評を以て迎えられたこともあった。しかしそのような努力はすべて、楽長に昇進するという彼の望みを叶えるための方策としては何の役にも立たなかった。当時のこの世界の常識からすれば、ドイツで楽長職に就くには、イタリア人であるか、イタリアで留学生活を送ったことがあるか、イタリア人に師事しその推薦を受けているか、そのどれかに該当しない限り見込みは薄かった。そのどれにも縁のなかったレーオポルトは、どれほど学識があったとしてもお呼びではなかった。

彼は挫折感と絶望のもたらす孤独の中で結婚した。二八歳になっていた。花嫁は一歳年下の貧乏な売れ残りの娘だったが、明るいのが取り柄だった。次々に子供が生まれ、死んで行った中で、二人の子が生き残った。姉をマリーア・アナ（愛称ナナール）、弟をヴォルフガング（愛称ヴォファール）という。父となったレーオポルトは当然のことのように家のピアノを使って子供たちに音楽教育を施した。そんなある日あるとき、彼は驚くような発見をする。弟のほうが並みではない音楽の才能を見せ始めたのだ。まだ字も読めぬうちに音譜を読み、単音はもとより和音も正確に聴き分ける絶対音感をいつのまにか身につけてしまった上に、どんな音楽も簡単に覚えてしまう超絶的な記憶力を生まれ持っていた。さらにはすらすらと自在に作曲する天賦の才能を備えていることがわかったのである。

音楽の申し子と言おうか、最初は信じ難かったとしても、生きた証拠を毎日見ているうちにレーオポルトの認識は確信に変わっていった——まちがいなくこの子は天才だ、神の子だと。

その日から彼の人生も変わる。絶望の底から見上げる空に光が見えてきたのだ。わが家に息子の神童ぶりを見に来ては腰を抜かす友人知己たちの姿を見ながら、その確信を深めた。この子を売り出すのだ。この子を連れて貴族たちの館を訪問し、その神童ぶりを見せれば、どんな素人でも感歎《かんたん》するにちがいない。そしてその神童の噂《うわさ》は狭い貴族社会の中を、一つの奇蹟《きせき》のニュースとなって波状的に広まって行くにちがいない。この子は貴族社会の寵児になる。それによって、この子を生んで育てた自分も一緒に貴族社会を泳ぐ身分になれる。それは大学から追放されることによって砕け散ってしまった自分の夢の復活以外のなにものでもない。自分の失ったものが自分の手に戻ってくる。失地が回復される。失われた過去が補償される。

レーオポルトは変身した。作曲やもろもろの精進努力を止《や》めて、わが子のプロモーターになったのである。研究家ヴォルフガング・プラートは証言している。

「レーオポルトは一七六二年以降はほとんど作曲しておらず、七一年以降は皆無である」

一七六二年と言えば、息子のヴォルフガングは六歳である。この年、父は幼い息子を連れてウィーンに行き、シェーンブルン宮殿でマリーア・テレージア女帝以下王家の人たちの居並ぶ前で、わが子の神童ぶりを見せ、考えられないほどの賞賛に包まれたのであった。

そして「一七七一年以降（の作曲）は皆無である」となる。

一生消えることのないタブロー

レーオポルトの頭には一生かかっても薄れることのない鮮明な記憶の像があった。それは彼の後半生、再生への出発の原点ともいえるものである。

問題の一七六二年一〇月、六歳のヴォルフガングを連れたレーオポルトは期待と不安を交錯させながら初めてウィーンの土を踏んだ。到着後、一週間目の一三日にはシェーンブルン宮殿に伺候するよう沙汰があった。そこでヴォルフガング少年は、父の演出になる神童ショウを披露する。隣室で楽器や器物を叩《たた》いて発する音のピッチを当てるゲーム、ピアノの演奏、同初見の譜の視奏、与えられた主題に基づく即興の変奏（ピアノ）。初見による協奏曲の演奏など少年の芸は多岐にわたっていた。

プロの音楽家にも匹敵する音楽の素養のあったマリーア・テレージア女帝がすっかり感動して、ヴォルフガングを自ら抱き上げて頬ずりしてくださった。彼女の横には夫君フランツ帝を初め、長男ヨーゼフ（のちのヨーゼフ二世）以下の王子、王女たちがずらりと並んで拍手を惜しまなかった。

それは彼の脳裡《のうり》から一生消え去ることのないタブロー（絵画場面）となる。

わが子がなければ、ただの貧乏楽士に過ぎず、シェーンブルン宮殿の階段に足がかかることもなかったであろうレーオポルトの感慨はひとしおであった。

マリーア・テレージア女帝に激賞された神童の噂は瞬時にウィーンの貴族の間に広まった。神童の芸を見たいという申し込みが折り重なるようにして殺到してきた。かわいそうに六歳のいたいけな坊やは、一日に三つ四つと重なる〝お座敷〟をこなすようになったばかりか、昼夜が転倒しているような貴族たちの時間感覚に引きずられて、時に〝お座敷〟は深夜に及ぶようなことも多くなった。

神童は一週間でダウンした。熱を出して一〇日ほど寝こむことになった。

ふつうの親ならここで大事をとるところであったろうが、このチャンスに賭けてきた貧乏楽士レーオポルトは成功に酔《よ》い痴《し》れていて、神童ショウを止められなかった。宮廷は一家の滞在延長のために四ドゥカーテンを下賜されると共に、ヴォルフガングには同い年のマクシミーリアーン王子の服が贈られた。そのあと一一月一九日の宮廷晩餐会の折に、マリーア・テレージア女帝はレーオポルトを呼んで、ヴォルフガング少年の健康状態を気遣うご下問を賜った。レーオポルトは感涙にむせんだ。一楽士がオーストリア帝国の女帝と親しく話す――考えられぬことだった。

七歳でヨーロッパ征服の旅に

年が明けて一月五日、三ヶ月ぶりにザルツブルクに鼻高々と戻ったレーオポルトは、それこそ〝山のような紹介状〟を手にしていた。貴族社会は狭い血縁社会である。彼らは国境を越えて、大は大なりに、小は小なりに、政略結婚で結ばれている。あまりにもみごとな神童の芸に参ったウィーンの貴族たちから、情報が彼らのネットワークを通じて全ヨーロッパに発信された。その表れの一つが〝紹介状〟なのである。

一七六三年六月九日、七歳になった神童と一家はヨーロッパを征服する旅に出た。ドイツ諸侯を順に訪ねながら北上し、ベルギーを経てパリに入ったのは一一月も半ばを過ぎていた。

パリでモーツァルト一家の面倒を見たのはドイツ出身の文人フリードリヒ・メルヒオール・グリムである。彼はドイツの出身だったがディドロ、ダランベールらのいわゆる〝百科事典《アンシクロペディ》派《スト》〟の仲間に入り、同じく啓蒙《けいもう》主義の文人の一人で若き日のジャン・ジャック・ルソーのパトロンとしても有名なデピネー夫人と同棲《どうせい》していた。彼の主な収入源は〝文芸通信《コレスポンダンス・リテレール》〟であったが、これはロシア、ドイツなど遠隔の地の諸侯に対して、パリという世界の中心地のできごとを定期的に書き送るという商売である。書いて送るネタがないと仕事にならないわけで、その意味では、ウィーンのマリーア・テレージア女帝のお墨付きの神童が（おそらくドイツ人であるという縁で）紹介状を持って自分のもとへ舞いこんできてくれたということは願ってもない材料であった。

音楽に関してはプロ並みであったグリムは、自分でこの神童をテストしてみて、噂に違《たが》わぬ本物の天才であることを認めると、早速にデピネー夫人の顔を利用して社交界にこの神童を売り出す手配を始める。この神童の行動の一つ一つはそのまま自分の〝文芸通信〟のネタになる。その中で最高のプロジェクトとなったのは、一月一日のルイ王家の〝グラン・クヴェール〟と呼ばれる晩餐会にこの七歳の少年を出席させるのに成功したことであった。その夜、ヴェルサイユ宮に集まった王家の人たち——ルイ一五世と王妃マリ・レシツィンスカ、王太子夫妻、ポンパドゥール夫人、王子、王女らは、ドイツという田舎の一介の楽士であるレーオポルトには一生かかっても拝むことのできない高貴な人々であった。彼の挫折した夢、高位高官の身となって上流の社交界を泳ぐ夢が神童のお蔭で現実となった……。

そのあとは当時のヨーロッパ随一の経済的繁栄を誇るイギリスに渡り、国王ジョージ三世とシャーロット王妃とにお目にかかった。すでにヘンデルは五年前に亡くなっていたが、最近頭角を現した〝王妃の楽長〟ヨハン・クリスティアン・バッハ（二九歳）に引き合わされ、その膝の上で少年がこの巨匠とピアノを共演した。ロンドン滞在中にこのバッハから受けた作曲の指導と、その温かい人格とは成人後もモーツァルトの心に刻みこまれており、彼は生涯このバッハに敬慕の念を持ち続ける。

ロンドン滞在は一年と四ヶ月に及ぶ。長引いた理由は、一つには、レーオポルトが（不明の）病気に罹《かか》り、当時は郊外だったチェルシーの田園風景の中で二ヶ月ほどの静養を余儀なくされたこともあるが、計算外の療養費と滞在費をカバーするためと、ギニーやポンドという高価なイギリスの通貨を稼ぐという意図もあって、半年以上にわたって一般人に向けた神童ショウを下宿先で続けたためである。プロモーター・レーオポルトは滞在中のソーホーの下宿で「火曜日と金曜日を除いて毎日、一二時より三時までの間に」来訪する客に対してコンサートと同じような芸を見せる旨の広告を出した。それらの料金は一人半ギニー（大陸通貨換算約五・五グルデン）とある（後年ウィーンで行ったモーツァルト主催の貴族を対象とした予約演奏会の料金が一回二グルデンであるのと比べればひどく高値であるが、それは経済大国イギリスとの貨幣価値の差でもある）。その高価な通貨をなるべく稼ぎたいという思いから出たこととはいえ、王宮でやる芸を不特定の客に安売りするこのアイデアは息子のプレスティージを失墜させるもので、プロモーターとしては失格であった。お蔭でロンドンにおけるヴォルフガング少年の商品価値は急速に下落してしまい、しばらくするうちに、だれも客が来なくなってしまった（これはレーオポルトのその後も数ある失敗の中の大失敗であった）。

一家は一七六六年の秋も終わりに近くなって、ようやくザルツブルクに戻った。三年半に及ぶ長旅で、七歳だったヴォルフガングは一〇歳になっていた。

レーオポルトの脳裡には四年前のシェーンブルン宮の情景《タブロー》が焼きついている――わが子を膝に抱いてくれたマリーア・テレージアの姿が。あのときは六歳だった。

レーオポルトの野望

チャンスは帰郷して一年も経《た》たぬうちにやってきた。ウィーンのハプスブルク家の王女の一人が、ナーポリ王と結婚することになったのだ。これを機にマリーア・テレージア女帝にお目にかかり、成長したわが子を見せ、ヴェルサイユやロンドンのお話をすれば……。

もしかしたら、王女の結婚式の祝典のオペラをヴォルフガングに書かせようとするかもしれない――。もしかしたら、わが子を宮廷音楽家として採用しようとするかもしれない――。

後者はレーオポルトの宿願とも言えるものであった。わが子はザルツブルクなどの田舎の宮廷に仕えるような小さな器ではない。

わが子がウィーンの楽長になる日が来たら……。

そうすれば自分を廃嫡処分にした母親を見返してやれる。七歳の神童を連れて歩いたときのレーオポルトのことは、各地の新聞に掲載をされたたし、もちろん彼の故郷のアウクスブルクでは歓迎のコンサートも盛大に行われた。旧知の市民たちはそれぞれにお祝いを述べてくれたものだが、母親は廃嫡した息子の連れて歩く神童（孫）の音楽会に顔を出さなかったばかりか、親族一同にも音楽会への出席を禁止したものだった。

一家の夢を乗せた馬車がウィーンに着いたのは一七六七年九月一五日のことだった。すぐに旧知の貴族の邸には神童の到着を知らせる使いを走らせた。

しかし、どういうわけか反応は今一つであった。前回六歳のわが子が来たときは、奪いあうようにして招待がかかり、断り切れなくて時には深夜に及ぶような〝お座敷〟にもつき合ったものだった。それが今回の神童は手持ち無沙汰で、宿でクラヴサンを弾いたりしている。

レーオポルトは、旅費のスポンサーである家主のハーゲナウアーに宛てて第一報（九月二二日付）を入れた。

皇帝陛下はハンガリーから戻られたところです。女帝陛下（マリーア・テレージア）はこの三日間、毎日恒例の先帝[*2]の霊へのお祈りに入っておられます。今までのところ私たちにはご報告するような活動はありませんが、当地では毎晩オペラ・セーリアかオペラ・ブッファ、芝居などが上演されています。

とは暇なものである。一週間するとレーオポルトは家主に宛てて二通目（九月二九日付）を書いた。

神様のお蔭で私たちが皆元気でいるということ以外にお知らせすることはありません。

レーオポルトは明らかに当惑している。様変わりしたウィーンの空気は妙にうすら寒い。無為のままに到着して一ヶ月が過ぎた一〇月一七日、レーオポルトは重大なことを書き送る。

大公妃殿下は天の花聟《はなむこ》のもとに嫁がれました。何という驚くべき変化でしょう。

結婚するはずの王女が死んでしまったのである。あわよくば結婚の祝典オペラを書かせてもらうどころの話ではない。宮廷は喪に服する事態になった。しかし、それよりもさらに重大なことにレーオポルトは気づかされる。王女の死因は天然痘であった。ウィーンは今や天然痘の流行によってどこに行っても戦々恐々となっている。これはいかん。もしわが子に天然痘が移ったら……。

レーオポルトからハーゲナウアーへの手紙（一一月一〇日付）。

私どもがここに着いた直後に、宿の主人である金細工師の息子が天然痘に罹っていたのです。私どもがそれを聞いたのはもう治りかけたころでした。そのあと彼の下の二人の子も天然痘に罹ったそうです。とりあえず宿を変えようと思って親子四人で借りられる家を探したのですが見つかりませんでした。やむを得ず、妻と娘を元の宿へ残して私と息子とで友人のところへ駆けこみました。今、ウィーンでの話題といえば天然痘のことです。病気で死ぬ子供のうち一〇人に九人までが天然痘です。このところ私がどんな状態であったかお察しいただけますか。夜は夜で全然眠れませんし、昼は昼で休むこともできません。

一家はウィーンを脱出する。

一〇月二三日の土曜日の午後、私たちはウィーンを出て、翌二四日にブルノ（当時はオーストリア領ブリュン）に着きました。私はヴォルフガングを連れて（止《よ》せば良いのに）シュラッテンバハ伯爵とヘルバーシュタイン伯爵夫人のもとに伺候しました。お二人の話ではヴォルフガングの演奏を聴きたいので、準備もできているとのことでした。

しかし悪い予感のしていたレーオポルトはこの演奏を断り、早々に荷物をまとめて再出発し、二六日にはさらに北のオロモウツ（当時はオルミュッツ）に着いた。シュヴァルツェン・アードラー（黒鷲《くろわし》）という宿に泊まるが——。

……一〇時ごろ、ヴォルフガングは目が痛いと言い始めました。額に触ると熱があるようで、頬も熱くて赤くなっているのに、手は氷のように冷たいのでした。

予感は的中してヴォルフガングは発病した。翌日になるとさらに熱は高くなり、うわ言が始まった。翌々日の二八日、レーオポルトは当地の大聖堂の主任司祭であるポズタツキ伯爵邸を訪れた折に委細を相談した。伯爵は天然痘を恐れる様子がなく、こともなげに、宿屋を引き払って自分の邸に来るようにと言い、直《ただ》ちに執事を呼んで馬車と医者の手配を命じた。

三日後の三一日はヴォルフガングの命名の祝日である。だが本人はそれどころではなく、天然痘に特有の赤いおできのような斑点を顔中に広げていた。

幸なことにヴォルフガングにはまだ寿命があった。しばらくして熱が引き始め、一〇日もするうちに赤いおできはかさぶたとなり、やがて落屑《らくせつ》となって消えていった。


いかなるすばらしい運命が私たちをオロモウツに導いてくれたのか、またポズタツキ伯爵が天然痘に罹った少年を連れた私どもをお邸に泊めてくださったことがいかに異例のことであるか、ご推量ください。

どれほどの親切、どれほどの温情、どれほどの寛大さで私たちをもてなしてくださったことか。天然痘の子供を抱えた家族を自邸に泊めて、しかもそれが親切心以外の何の動機でもない、ということを理解できる人が何人いるでしょうか。


ヴォルフガングは助かった。すると、当然のことのように、今度は姉のナナールが発病した。一家は伯爵家の温情に甘えた形で一ヶ月以上も滞在させてもらう。ごたごたの間に月が二度変わって一二月となり、年の瀬も押しつまってきた一二月二三日、負い切れないほどの恩を背負ったモーツァルト一家は、ポズタツキ伯爵邸をあとにしてウィーンに戻ることになった。

女帝陛下の心変わり

途中ブルノでシュラッテンバハ伯爵（ザルツブルクの大司教の実弟）に義理を立てた音楽会に神童が出演したりして、一家は年が明けてようやくウィーンに戻ってきた。戻ってくると早々にレーオポルトはマリーア・テレージア女帝に謁見の願いを提出し、ほどなく許可が下りた。それはレーオポルトの待っていた日であった。幼いヴォルフガングがパリやロンドンで成功した話を女帝陛下は喜んでくださるにちがいない。王宮に向かう一家の足どりは軽かった。

最新のできごとからお知らせします（私たちが皆元気であることを別にして）。一月一九日、火曜日、午後二時半から四時半まで、私たちは女帝陛下（マリーア・テレージア）にお目にかかりました。私たちは両陛下がコーヒーを召し上がっておられる間、控えの間でお待ちしておりましたが、そこへ皇帝陛下（ヨーゼフ二世）が入って見えられ、私たちを案内してくださいました。お部屋には皇帝陛下と女帝陛下のほかに王女様たちやザクセンのアルベルト大公がお見えになられました。これらの皇族の方たちのほかにはどなたも見えませんでした。その席でのお言葉やできごとをすべて書くとすれば長くなり過ぎてしまうでしょう。女帝陛下が私の家内に向かって、子供たちが天然痘に罹ったことや、大旅行でのできごとを、どれほど親しげにお尋ねになったのか、説明したいのですがうまくできません。また、女帝陛下が家内の頬を撫《な》でたり手を握ったりされた様子もお伝えできません。一方、皇帝陛下はヴォルフガングや私に、音楽のことなど、いろいろお尋ねになり、ナナールは時折恥ずかしそうに顔を赤らめておりました。いずれお目にかかった折に細かくご報告します。

一九日の女帝による謁見の模様をレーオポルトがハーゲナウアーに知らせる手紙（一月二三日付）はこれで終わりである。喜び勇んで待ちに待ったその日を迎えたレーオポルトではあったが、終わってみれば何事も起こらなかったのだ。確かに女帝は、妻には、手を取ったり頬を撫でたりで、考えられないほど優しく接してくれた。皇帝ヨーゼフ二世はヴォルフガングやナナールと楽しそうに談笑した。

しかし、それだけだったのだ……。

時間がくると女帝は出て行ってしまった。ヴォルフガングやナナールのピアノを聴いてみようとは言ってくれなかった。だいいち、最初から部屋にはピアノが置かれていなかった。レーオポルトにはわからないことだらけだった。なぜ、ピアノを弾いてみせろと女帝は言わなかったのか。いや、部屋にピアノを入れてなかったということは、最初から演奏を聴こうという気はなかったのではないか。

なぜだ……。

女帝陛下の気が変わった……まさか……。

レーオポルトは基本的にはローカルな世界観の持ち主で、彼の夢は息子をドイツ語圏のどこかの国の楽長にすることであった（そのような意見を再三にわたって手紙の中に書いている）。そのドイツ語圏を統轄する神聖ローマ帝国、その最高権力者がヨーゼフ二世であり、その母マリーア・テレージアなのだから、その寵を失うとすれば、前途は暗雲に閉ざされてしまう。息子の手によって自分の失われた過去を取り戻してもらう夢もはかなく消えてしまうことになる。

悩みが増えるばかりのレーオポルトに今度は全く別の情報が新しく耳に入ってきた。ヴォルフガングは神童ではない、あれはインチキで、トリックを使っている、という噂を流している連中がいるというのだ。


私たちの近況についての、より十分でわかり易いご報告をしなければならぬときだと思います。状況は幸運なのか不運なのか、よくわかりません。友人としてのあなたのご意見を承りたいと思います。もしも金が人間を幸せにする唯一のものだとすれば、今の私たちはまちがいなく哀れな存在です。ご存知のとおり、私たちは原資のほとんどを使ってしまったのに、それを取り返す確かな望みは今のところ全くありません。…（中略）…
最近ウィーンの人々は、一般的に、まじめな、筋の通った芝居を見る気はなくて、見たがるのはバカげたナンセンス、踊り、悪魔、幽霊、手品、道化、リッパール、ベルナルドン、*3妖怪変化ばかりというのは有名な話です。ウィーンの劇場に行けばそれがよくわかります。

この時期のウィーンにこうした文化的頽廃《たいはい》のムードがあり、妙なものが流行していたのは事実だった。

話題を私たちに戻しますと、不運な事件がいろいろありました。私たちが到着して最初の仕事は宮廷に謁見の申し込みをすることでしたが、女帝陛下は今はご自分の部屋でコンサートをなさらないうえに、オペラや芝居にもお出かけにならないのです。陛下の日常は世間とはあまりにもかけ離れているので十分にご説明するのは不可能です。陛下は私たちを皇帝（ヨーゼフ二世）に紹介されました。しかしこの紳士はなにごとにせよ出費につながることはお嫌いなのです。だから決心がつくまでにひどく時間がかかります。そうこうするうちに、花嫁となる王女が亡くなられました。それについては前の手紙に書いたとおりです。私たちはモラヴィアから帰ると、思ったより早く皇室の方にお会いすることができました。私たちのオロモウツ滞在中のできごとやウィーンに戻ったことのお知らせをしたのとほとんど同じころに出頭の通知を頂きました。しかし女帝陛下の驚くほどの優しさと説明できないほどの親しさとを頂戴したものの、それが何の役に立ったでしょうか。どんな結果をもたらしたでしょうか。何にもなりませんでした。頂いたのはメダルが一箇です。このメダルは確かにきれいですが、三文の価値もないものなので、その値段についてお話しする気にもなれません。女帝はあとを皇帝に委《まか》せて去られました。皇帝はメモを取ったりされましたが、多分優渥《ゆうあく》なお言葉を賜ったことで支払いは済んだと思っています。…(中略)…

　私が聞いたところによれば、自宅療養中のワーゲンザイル[*4]は病気のために私たちの援助ができないでいますが、彼一人が私たちの味方で、あとはウィーン中のピアニストや作曲家は全員私たちが活動することに反対なのだそうです。…(中略)…(ヴォルフガングについて)彼らの言うことは決まっているそうです。「まだ聴いたことはないが、評判は多分嘘なんだろう」「何かトリックがあるのさ、バカげてる」「まるで幼稚なんだ」「あらかじめ習った曲を初見のように見せているだけだ」「あの子が作曲するなんて考えるのはナンセンスだ」などなどだそうです。そういうわけで、連中は私たちを避けているわけです。私たちを実際に見たり聞いたりしたとなれば、自分が劣ることを認めざるを得ないからです……。

ついにオペラの作曲へ

故郷のハーゲナウアーに書きながらレーオポルトは暗澹《あんたん》たる気持ちになった。ヴォルフガングという存在を目の仇《かたき》にして追い回すプロの音楽家たちの勢力があって、その連中はヴォルフガングと自分たちを比較されるのは自分たちの沽券《こけん》に関わるので、早いうちに芽を摘んでしまおうと、しきりに悪い噂を流しているという。無視するという選択肢もあった。しかし、噂が成長して他郷に流れ、尾ヒレがついて、まるでヴォルフガングがニセ物、ガセネタの巨魁《きょかい》のように言われる可能性のあることをレーオポルトは恐れた。その火は何としてでも今の段階で消しておきたい。それには〝神童ショウ〟を超えたさらに偉大な能力を息子が持っていることを、証拠を示して彼らばかりでなく世に広く認知してもらうことだ。その証拠を示す行為とは――。

事実として、ヴォルフガングにオペラを書かせるというアイデアを私にもたらしたのは皇帝その人です。つまり皇帝はうちの子に対して、オペラを書いて自分でそれを指揮する気はあるかと二回もお尋ねになったのです。ヴォルフガングは「はい」と答えました。しかし皇帝はそれ以上に進めることはできませんでした。というのはオペラはアフリージョの所管事項だからです。

レーオポルトは突然アフリージョの名前を持ち出しているが、これは次の章で見るように、当時ウィーンの宮廷劇場の運営を委託されていた興行師である。

神様のお蔭でオペラの計画が実現した暁にはそれに対する反響は巨大なものとなりましょう。その様子は目に見えるようですが、成功すれば連中としてはもはや文句のつけようがなくなります。

今は金を惜しむわけにはいきません。それは明日または明後日には私のもとに戻ってくるものだからです。危険を冒さないところに勝利はありません。私たち親子に何ができるかを見せてやります。成功しなければ失敗なのです。しかし劇場以外にうちの息子が成功を収めるのにふさわしい場所がありましょうか。

一八世紀において〝作曲家〟が真価を示すためには、オペラのヒット作を書くのが一種の必須の条件であったのである。交響曲やソナタなどはいくら書いても名声にはつながらなかった。

そのオペラはオペラ・セーリアではありません。当地ではオペラ・セーリアは今のところ上演されないからです。つまりここの人たちはその種のオペラを好まないのです。で、オペラ・ブッファということになります。といっても（幕間劇のような）短いものではなく、二時間半から三時間もかかるものになります。……（中略）……

いかがですか。ウィーンの劇場のためにオペラを書いたという評判が立てば、ドイツはおろかイタリアにおいてさえも、私たちの信用に一段と箔《はく》がつくことになると思われませんか。

手紙はまだ続くが、レーオポルトはこれを一七六八年一月の三〇日から二月三日まで五日がかりで書いた。毎日続けて書いているうちに昂奮《こうふん》もしたであろうし、目に見えぬ理不尽な勢力に対して腹も立ってきたであろうとは思われるが、長文の手紙は終わりに近づくほど理性が遠くなり、戦意の昂揚が目につくようになる。

他愛のない嘘でありデマであるに過ぎない〝噂〟も時にはまるで巨大な実体のようになり、これを撲滅するのは到底不可能ということになることもある。ロッシーニのオペラ《セビーリャの理髪師》には「噂（la calunnia）の歌」というのがある。医師バルトロの意中の娘ロジーナにアルマヴィーヴァ伯爵がチョッカイを出して困るという相談を受けた音楽教師ドン・バジリオの歌うアリアで、その大意は、伯爵に関してあることないこと織りまぜて誹謗《ひぼう》中傷する〝噂〟をでっち上げて町に振り撒《ふま》けば、噂はどんどん尾ヒレがついて大きくなり、しまいには手がつけられないほどになって大砲のような威力を発揮する……というものだが、これには戦前のフョードル・シャリアピンの歌った快演（快気炎）のレコードがあり、この不世出のバスの芸の巨大なスケールのほどを見せつけてくれたものだった。

今、レーオポルトをいきり立たせているのはその種の噂の作用である。根も葉もないデマでありながら、尾ヒレをつけてそれが広がって行くと、あたかも実体であるかのように一人歩きを始め、いつのまにか巨大な〝世論〟となり、ヴォルフガング少年は天才などではない、夜店の手品だ、ごまかしだという評価が定着するかもしれない。

そんな不正を許せば、わが子の商品価値は下落してしまう。息子の商品価値が下落すれば父親が名士になって社交界を泳ぐ夢もしぼんでしまう。

レーオポルトは敢然とこの実体のない相手に立ち向かうという選択肢を選んだ。

それにはヴォルフガングのオペラを成功させることだ。一三歳の少年がオペラを作曲し指揮をする。それは前人未踏のことだ。その事実を目の前に見せつけられては、実体のない噂はしぼむにちがいない。息子の名誉は守られる。息子の名誉が守られるということはすなわち商品価値が存続することである。息子は神童であり続ければ、自分の失われた過去も修復されることになる。

註

＊1　拙著『天才の父　レーオポルト・モーツァルトの青春』（新潮社　二〇〇八年）をご参照頂ければ幸いである。

＊2　マリーア・テレージアの夫フランツ一世は二年前の一七六五年に没して長男のヨーゼフ二世が継いでいた。

＊3　いずれも当時ウィーンで流行《はや》っていた道化の名。

＊4　ウィーン在住の著名なピアニスト。

第四章　悪夢のドラマ

初めてのオペラ・ブッファ

モーツァルト少年は早速にオペラに取りかかることになった。一七六八年の二月ごろのことである。

「それはオペラ・セーリアではありません……(中略)……で、オペラ・ブッファということになります。(長さは)短いものではなく、二時間半から三時間のものになります」

と、父レーオポルトが故郷のハーゲナウアーに宛てた手紙の中に書いていた。その時点で、彼はすでに皇帝や、オペラ劇場の経営を受託している興行師のアフリージョとの間で上演の話をまとめており、作曲の報酬も一〇〇ドゥカーテンと約束ができていた。

モーツァルト少年の着手したオペラ・ブッファ（コミックなオペラ）の題名は《ラ・フィンタ・センプリチェ》La finta Semplice と言う。台本の作者はマルコ・コルテッリーニ（メタスタージョの弟子で当時ウィーンの劇場付台本作者）であった。これの種本は一八世紀の著名な劇作家ゴルドーニの作品で、サルヴァトール・ペリッロが作曲してこれより四年前の一七六四年にヴェネツィアで初演されている。ストーリーはやや入り組んでいる。二人のいずれも女に縁のない初老の金持ちの兄弟がいて、兄のカッサンドロは男振りは良いが、女を見下している上にケチである。弟のポリドーロは内気で頭が弱い。

この二人の家に宿泊しているハンガリーの将校フラカッソは、兄弟の妹のジャチンタに恋をしている。将校の従卒のシモーネはこの家のメイドのニネッタと恋仲である。

将校はロジーナという妹を連れている。このロジーナはカッサンドロとポリドーロの兄弟が金持ちなのに目をつけて、そのどちらかと結婚しようとたくらむ……という状況設定のもとにドタバタのコメディーが始まる。見ものはロジーナが〝うぶな振りをした女《ラ・フィンタ・センプリチェ》〟に化けて行う恋の駆け引きであるが、一二歳のヴォルフガングにとって適当な題材であったかどうか……。

作曲が始まると、例によってヴォルフガングの筆は速く、二月に始まった仕事――総数五〇〇ページを超える――は、四月にはほぼでき上がっていたようで、父はこんなふうな報《しら》せを、いつものようにハーゲナウアーに書き送っている。

……皇帝陛下はハンガリー、というよりトルコとの国境のほうへ、出発されました。従っ

て息子のオペラの上演は、陛下の帰国される六月になるでしょう。（四月二〇日付）

その一ヶ月あとの五月の手紙ではがらっと変わった話題に触れている。

……（旅行中はザルツブルクでの自分の給与が停止されている件について）そのほうがイタリアへの旅行の許可を申請し易くなります。今、置かれている周囲の状況から見て、イタリアへ行くことは少しも遅らせることのできないものでありまして、私はすでに皇帝陛下からフィレンツェやナーポリ、そしてわが帝国の版図である諸州への紹介状を頂いてあります。

ぐずぐずしていると息子は成人してしまい、自分のほうも老いが来ては旅行に耐えられなくなって悔いを残すことになるから、イタリアにはなるべく早く出かけたいと言っているのだが、この手紙を読む限りにおいては、これから起こるウィーンでの騒動とは別に、レーオポルトは音楽の先進国イタリアをわが子に見せる話をすでにこの時点で企画していたことがわかる。

イタリアは音楽の先進国である。この世界ではドイツ人の音楽家はドイツ人からもバカにされるので、才覚のあるドイツ人はイタリアに留学して作曲を学ぶ。うまくいけば〝イタリアで認められた〟というお墨付きがもらえて箔がつく。古くはザクセン人のゲオルク・フリードリヒ・ヘンデルがそうだった。イタリアに旅行するほどの金もなかった彼が何とかイタリアの地を踏んで、オペラの作曲法を学ぶうちにヒット作が出て、シニョール・サッソーネ（ザクセン先生）というニックネームももらえて、評判をとり、経済大国のイギリスから招かれた。ロンドンでも彼の書くイタリア・オペラは当たりをとり、ついには大作曲家として尊敬される身分となり、死ぬとウェストミンスター寺院の床下に遺体を安置してもらえるほどの身分にまでなれた。

同じドイツ人で、同じようなコースを歩んだ後輩のヨハン・クリスティアン・バッハの例も似ており、一文無しでイタリアに行き、書生をしながら見様見真似《みまね》で書いたオペラがヒットするようになり、ロンドンに呼ばれ女王の楽長という身分にまでなったのだ。ドイツにいたらそうはいかなかった。彼の父親のJ・S・バッハも、兄たちも、ドイツで暮らしたばかりにローカルな音楽家として終わってしまった例がある。

ウィーンに吹き荒れる誹謗中傷の嵐

イタリアに息子を連れて行くという手紙を書いてからまた一ヶ月。六月二九日にハーゲナウアーに出した手紙では穏やかでない風がかなりに吹き荒れ始めたことを示している。

……あらゆる種類の、深く根を下ろした陰謀と悪意に満ちた脅迫とが行われていることについての長いお話をしたいところですが、私の心中ではすべてその種のことにうんざりしているので、今度お目にかかった折にでもお話しすることにいたしましょう。

それからまた一ヶ月が経過した七月三〇日の手紙は反対派の活動についての詳細な報告となっている。

……とはいえ、別件つまりウィーンにおける滞在が長引いている件については、私たちは著しく不快に思っています。実のところ、私たちを当地に引き留めているものは私たちの名誉の問題だけです。それがなければ私たちはとっくの昔にザルツブルクに戻っていました。しかし、ウィーンでは全員がチビのヴォルフガングにオペラを作曲できるはずがないと言います。あるいはまた、作曲したのに出来が悪いので公演できないのだろうと言うのです。あるいは、作品を書いたのは子供ではなくて父親なんだ、と。こうした私たちの名誉を傷つける誹謗中傷がよその国に流れると想像すれば背筋が寒くなります。そんな私たちが哀れではありませんか。これは私たちの名誉にとって重大な問題です。いやそれだけではありません、私たちの領主様の名誉に関する問題でもあります。

ピアノの〝神童ショウ〟をニセ物呼ばわりする連中に対して、オペラの作曲という事実を見せれば、グウの音も出ないはずだったのに、相手は、今度は、そのオペラを中傷する作戦に切り替えてきた。

現在の私たちの直面しているような状況になることが、もし事前にわかっていたら、あるいはその後に起きた事件を事前に察知できていたら、ヴォルフガングにオペラへの着手を許さなかったでしょうし、もっと早くザルツブルクに戻っていたでしょう。

筆は一転して別の重大な人物を登場させる。

こちらの宮廷劇場はアフリージォという人物に下請けさせている、というか業務をすっかり委せてしまっているのです。この彼が本来宮廷が負担すべき年間一〇〇〇グルデン余りの人件費を負担しています。皇帝や皇族方は劇場に専用のボックス席をお持ちですが料金は払っていないので、宮廷の方々はこのアフリージョに対して何も言えません。彼の冒すリスクを何も負担しないのですから。そして今彼は財政難に喘《あえ》いでいるところです。いずれお耳に入ることでしょう。

皇帝はヴォルフガングにオペラを書く気はないかと尋ね、彼がクラヴィーアの前に坐って指揮する姿を見たいとおっしゃいました。そして皇帝は自分がそれを望んでいることをアフリージョに理解させましたので、アフリージョはそれを受けてすぐに私たちとの契約書を作り報酬は一〇〇ドゥカーテンと決めたのでした。

最初このオペラは復活祭に上演される予定でした。その予定を狂わせた人物は台本作者でした。修正するところがあちこちにあるという口実でした。彼はどんどん遅らせて復活祭に私たちが受け取ったアリアの修正版はたったの二曲でした。そのあとこのオペラは皇帝がハンガリーからお帰りになるのを待って、聖霊降臨祭[*1]に上演されることになりました。しかしこの時点で正体が現れ始めました。

この間に、グルックを筆頭とする全作曲家たちがこのオペラの成功を阻止しようとひそかにいろいろ謀議していたのでした。歌手たちは仲間に引き入れられ、オーケストラにも手が回り、彼らはあらゆる手段を弄してこのオペラの上演を止めようとしています。さらに言えば、歌手たちのほとんどはまだ譜面を見たこともなく、一人か二人を除けば、まだ全曲を聴いたこともないのに、そそのかされて、自分たちのアリアは歌うことが不可能だと言いふらしたりしています。…(中略)…

それとは別に、オーケストラの連中も、子供に指揮してもらいたくないとか、いろいろなことを言い出しています。別の連中はまたこのオペラの音楽は三文の値打ちもないと言いふらしています。また別の連中は歌詞と音楽が合っていない、とか（イタリア語の）韻律を踏み外しているなどと言います。つまりこの少年にはまだイタリア語が使いこなせないと言いたいのでしょうがとんでもないことです。

さまざまな誹謗中傷が生産されて〝噂〟となって広がり、レーオポルトが手を焼いている様子が見えてくるが、その火元に長老のグルックがいるという（グルック主犯説はレーオポルトの思い過ごしであったことがのちにわかる）。火を消そうとしてレーオポルトが「メタスタージォやハッセのような方がヴォルフガングの作曲の才を認めている」と言えば――。

……そうすると、そのオペラは少年が書いたのではなく父親が書いたのだと連中は言い出します。しかしここでも連中のボロは出始めています。掌《てのひら》を返すようなことを言えばすぐにバレるものです。

ヴォルフガングの奇蹟について信じてもらうのが私の使命だとすれば、それは今やらねばなりません。連中が何にせよ奇蹟と呼ばれるようなことをバカにして奇蹟を否定している今がそのときです。本物の奇蹟のあることを見せてやるのです。
ところでカウニッツ大公やほかのお偉方、特に皇帝陛下その人が、オペラを上演せよという命令を下されないのを不思議に思われるでしょう……。

四面楚歌のレーオポルト

ウィーンに吹く〝反モーツァルト少年〟の逆風は、レーオポルトの事前の予想をはるかに超えた大規模なものになり始めていた。さらには、宮廷の劇場の興行を預かるアフリージョという男と宮廷との駆け引きの問題などもからんで事態がややこしさの度を加え始める。レーオポルトの手紙は続く。

まず第一に言えることとは、皇帝を初めとして宮廷筋の方たちは彼に命令する立場にないということです。つまり劇場の権限はアフリージョ（伯爵と呼ぶ人もいます）というただ一人の人物に握られているのです。そういう情勢の中で、カウニッツ大公は皇帝の反対にも拘《かかわ》らず、フランス人の役者たち《コメディアーンテン》をウィーンに連れてきてアフリージョに公演させているのですが、この連中の経費が年間七万グルデン以上もかかるので、アフリージョは破産しそうになっているそうです（役者たちは思ったより集客力がありません）。アフリージョはカウニッツ大公に責任を取らせようとしますが、大公は大公で、皇帝がフランス演劇に興味を持つように仕向けることによって、アフリージョの損金を皇帝に肩代わりさせようとしています。だが、皇帝は今のところ何週間も劇場には姿を見せていません。以上のように私たちは今、行き詰まった状況の中にいるのですが、それらの事件はいろいろ同時発生的に起きていまして、ヴォルフガングのオペラの上演を止めさせる口実になっています。止めればアフリージョはわれわれに一〇〇ドゥカーテンを払わずに済みます。またこういう状況のもとでは、アフリージョに対して高圧的に言える人も、命令できる人もだれもいません。七万グルデンの尻を持ちこまれるのが怖いからです。以上は、もちろん、私たちに関係ないところで起きた事件です。

アフリージョはオペラの上演の遅れは歌手たちが歌えないとか歌いたくないと言うからだと責任転嫁をしています。それに対して歌手たちのほうでは、アフリージョがこのオペラを上演したくないと自分自身で語ったと言い、アフリージョの責任にしています。もちろん私たちは、あちこち修正しろという歌手たちの要求はすべて受け入れてきております……。

以上申し上げたことのほかにも歌手のベルナスコーニさんが今のところ悪性の風邪を引いていてバリオーニさんも体調が良くないとか言って、これによって再び三週間ほど上演に遅れが出ることになるでしょう……。

宮廷事情を要約するとすれば、

・この時期、劇場の仕事は宮廷からアフリージョという興行師に対して〝丸投げ〟されていた。
・そのアフリージョは宮廷筋（カウニッツ大公だとレーオポルトは言っている）に頼まれてフランス人の出演者のグループを背負いこんだは良いが興行成績不良で破産しそうになっている。
・アフリージョは火元のカウニッツ大公（モーツァルトをひいきにしている）に尻を持ちこもうとするが、公はヨーゼフ二世に尻ぬぐいをさせようとしている。
・ヨーゼフ二世は知らん顔だ。

といった裏事情が右手のほうに上がった炎とすれば、左手から燃えさかってくるのは、少年モーツァルトのオペラを潰そうとする作曲家の連中による誹謗中傷の炎である。それは厄介なことに、火の勢を増してきているのだが、依然として火元の正体もよく摑めていない。

賢者ならば、こうした動きのとれない状況になったら一旦撤収するという手を考えるかもしれない。レーオポルトは秀才ではあっても賢者ではなかった。強行突破という最も単純な手段によって老獪《ろうかい》な手強い連中に対峙《たいじ》しようとする。

負けていられない、身に降る火の粉は払わねばならないと彼は走り回った。わが子がニセ物ではないということを証明するために、イタリア語の詩集を携えてわが子を連れて歩き、会う人ごとに、詩集の任意の一ページを相手に選ばせ、そこに出てきた詩をヴォルフガングがその場で作曲するところを見せる。ヴォルフガングは複数の楽器の伴奏のついた歌曲をピアノも使わず、すらすらと作曲する。

「どうです」

レーオポルトが胸を張れば「なるほど」と相手は納得したような顔をする。しかし、そんなことを何十回繰り返しても、「あの子は本当に作曲できる」という噂が広まるわけではなかった。のれんに腕押しである。

四面楚歌の中で立往生した形のレーオポルトに、ある日アフリージョが引導を渡しにやってきた。

「レーオポルトさん、どうしてもあの子のオペラをおやりになりたいのですな」

「………」

「歌手たちはご存知のように、皆で合唱してます。『子供の書いた歌なんて、歌いたくない』。

オーケストラの楽士たちは『子供なんかに指揮されたくない』と言っています。ですが、どうしても歌え、弾け、と言えば、彼らはやりますよ」

「…………」

「その場合、どんなことが起きると思われますか。歌手もオーケストラも、トチる、まちがえる、忘れて歌えない、舞台はめちゃめちゃになる……。どういうわけか、そういうことが起きる……起きないという保証をだれがしてくれますか」

「…………」

歌手たちにも、楽士たちにも奥の手がある。彼らは舞台を混乱に陥れ、ぶち壊しにすることができる。

かりに……、

一人の歌手が歌詞を忘れたといって立往生する。その間に別の歌手が舞台から消えてしまう。どこへ行った。探しに行く……。

かりに……、

そのようなことが起きても、それは彼らの責任ではなくヴォルフガングの音楽が悪いからだと言い、歌えないから混乱が起きたのだと言いふらすでしょうな。

相手はその切り札を持っている。

レーオポルトは敗北を認めざるを得なかった。カードは相手が握っている。彼はいつものように故郷のハーゲナウアーに手紙を書いた（一七六八年九月一四日付）。

ヴォルフガングのオペラについてお話しできることといえば、簡単に言うと、当地の楽士たち全員がうちの子の才能の公開を阻止するために結束して立ち上がっているということです。私には上演を督促することもできません。というのは陰謀[*2]が張りめぐらされていて、もし上演の運びとなればひどくお粗末な手段によって、ぶち壊そうというのです。

レーオポルトは打つ手のなくなったことを認める。負け戦に半年もかかった。

敵の一人一人は、どれをとっても息子のヴォルフガングとは比べものにならない愚かで劣った連中なのだ。しかし、個々には愚劣な連中でも、衆を頼んで結束すれば、ピラニアの軍団のようになって強大な獲物を襲うことができる。

それは高い授業料であった。

註

＊1　キリスト教の移動祝日。この年は五月二二日に始まる。

＊2　Verschworenという言葉が使われている。

間奏曲　第一　《バスティアンとバスティエンヌ》の怪

万策尽き、一敗地にまみれたレーオポルトは〝イタチの最後っ屁《さいごっぺ》〟のように、訳出するとすれば一〇ページを超えようかという長文の上申書を皇帝ヨーゼフ二世に提出した。

それはこの年初に皇帝の意を受けて少年モーツァルトがオペラ《ラ・フィンタ・センプリチェ》の作曲に入ったことに始まり、少年のオペラを潰そうという陰謀が形成され、さまざまな悪質な噂が流れ始めたこと、最初は賛成していた歌手たちも全員反対に回ったこと、オーケストラの連中は「子供に指揮されたくない」と言い出したこと、それを受けて興行責任者のアフリージョも公演反対に回ったこと、などなどを時間を追って克明に説明したうえで、皇帝の御力で以上の経緯をぜひ精査して、正義の行われるようにして欲しいと結んでいる。

レーオポルトはこの上申書を九月二一日に自ら皇帝に手渡したところ「早速シュポルク伯爵に調査を命じられた」とハーゲナウアーに報告している。

そのあと、用のなくなったウィーンからすぐに撤退するかと思えば、年末まで居坐り続けている。何をしていたのかもよくわからない。あれほど克明に長文の報告を続けていた相手の家主にして金主のハーゲナウアーにもばったり手紙を書かなくなった。謎の空白の三ヶ月がそこにある。

大方の本は、この間にヴォルフガング少年はドイツ語のオペラ《バスティアンとバスティエンヌ》K五〇を作曲し、市外のメスマー邸で上演したと書いている。その説の根拠として、父親のレーオポルトが作ったわが子の作品カタログというのがあり、それにこの小オペラを〝一七六八年秋にウィーンで作曲〟したと書かれている、ということが挙げられている。

この小オペラはジャン＝ジャック・ルソーの書いた田園牧歌劇をもとにしており、ルソー自身が〝自然に帰れ〟という運動の主唱者であったが、羊飼いの少年少女の牧歌的で単純な恋というストーリーは、ヴェルサイユ宮殿の外に田舎家を建て〝プチ・トリアノン〟と名づけて自分専用の別荘にしていたマリ・アントワネットを筆頭に、当時の貴婦人たちの好みの世界であった。ルソーらしい政治色もないではないが、内容はおおむね小学生の学芸会用の劇に近く、その意味では上演をめぐって悪戦苦闘した《ラ・フィンタ・センプリチェ》より、ずっとモーツァルトの年齢に合っている。

しかし、この時期にヴォルフガングがこのオペラを書いたというレーオポルトの記述は、常識では理解できない。というより、あり得ないことである。

この年は年初から少年の名誉を賭けたイタリア語のオペラ《ラ・フィンタ・センプリチェ》にかかずらっており、レーオポルトは半年にわたってくだくだしいほど克明にその経緯を長文の手紙にしてザルツブルクに書き送っている。そんな中で少年が別のオペラを新しく書き始めたとしたら、父親がその新事実に一言も触れないのは理に合わない。それは謎というより、あり得ないことであろう。

またウィーンには音楽好きの貴族がいて、日記や書簡の類いにできごとを書き留めているし、目立つ音楽会は当時の新聞に紹介されている。ところが、この《バスティアンとバスティエンヌ》が上演されたという話はどこにも書かれていない。

あるいは、だれが出演して歌ったのか、その記録もない。オペラに出演できるほどのウィーンの宮廷劇場関係の歌手たちならアフリージョの管轄下にあり、全員がモーツァルトの書くオペラの上演のボイコットに回っていたはずである。

一方で、この空白の三ヶ月の間に、ウィーンのオペラの世界では全く別の大きなできごとがあった。斯界《しかい》の第一人者である長老のハッセが新作を発表したことである。彼は高齢（六九歳）のことでもあるし、自身はそろそろ劇場の世界から足を洗いたいと思っていたのだが、マリーア・テレージア女帝のたっての依頼ということで、今年も筆をとることになった。台本の担当は長年のパートナーでオペラ・セーリアの大家メタスタージォである。選ばれた作品は彼の旧作の《ピューラモスとティスベー》Piramo e Tisbeで、ギリシャ神話に登場する悲恋の物語である。作曲は夏から秋にかけて進められ、一一月にブルク劇場で初演が行われた。

この台本に新しく手を入れる仕事はコルテリーニが担当し、上演した興行師はアフリージョであった。二人とも、この夏、少年モーツァルトのオペラをめぐってごたごたした連中である。もちろんハッセの作品には妨害などはなく、すんなりと上演され、作曲者は祝福を受け、喝采に包まれていた。

レーオポルトはこのハッセのオペラが上演されたことも故郷に向かって一言も書いていない。こちらの理由はわかり易い。多分、彼は他人の成功を見て見ぬ振りをしたのである。おそらくは、息子のオペラを妨害した連中が嬉々《きき》として舞台を務める様子を見ては、極めて不愉快だったにちがいない。

一年半に及ぶウィーン滞在は悪夢のようだった。年の瀬も押しつまったころようやく腰を上げると、一家は帰郷することになった。途中、メルクの著名な修道院に立ち寄って一泊したことが副院長の日記に残っている。

一二月二八日

六時にモーツァルト氏とその夫人、令嬢、ならびに一二歳にしてすでに高名な作曲家であり最も賞賛されるオルガニストである令息が到着された。昼食を外にご用意し、合唱長がご陪席をした。夕食にはご一行に対して僧院長猊下が、小職を伴ってご同席した。

一般の旅人に宿泊の門戸を開いている修道院ではあるが、〝すでに高名な作曲家〟のモーツァルト少年に〝大修道院長〟が自ら接待に出たとは破格のことである。ヴォルフガングの名声に敬意を表してのことであろうが少年の名声のほどは、こうした一事を見てもわかる。しかしそれは両刃《もろは》の剣であり、その声望はまたウィーンの楽士たちのような俗物たちの嫉妬心を煽《あお》ることにもなるのである。

ところで、モーツァルトのオペラ妨害に明け暮れた感のあるウィーンで——ほとんどの作曲家、演奏家、歌手などがモーツァルト叩きに回っていた中で——長老のハッセとその親友であるメタスタージォは、共に当時のオペラの世界で最も尊敬を払われた人物であったが、その騒ぎには加わらなかった。というより、暴走する連中に対して、妙な運動はやめて、モーツァルト少年の天才を認めるよう、説得に回った形跡があり、レーオポルトも人伝《ひとづ》てにその話を聞いて知っていた。いわばメタスタージォとハッセの両大家は〝モーツァルト派〟であったが、そのハッセがモーツァルト親子について書いた簡にして要を得たみごとな文章がある。

モーツァルト少年はその年齢からみたら確かにすばらしいもので、私は限りなくこの子が好きです。彼の父親は、私の見る限りにおいては、どこへ行っても不平を並べる人だ。彼は少しばかり少年を崇《あが》め過ぎており、そのため、この少年をスポイルするようなことを、いろいろやっている。私はあの少年の天分を高く評価するものだから、彼が父親の甘やかしによってスポイルされないで、立派な人間に成長することを願うものです。

（一七七一年三月二三日付　オルテス宛ての書簡）

間奏曲　第二　ジュゼッペ・アフリージョ

今回レーオポルトを、あるときはぬらりくらりと、あるときはあらぬ方に責任を転嫁し、しまいには居直って凄《すご》んでみせたり、自在に手玉に取った〝アフリージョ〟なる人物は、モーツァルト家の運命に小さからぬ影響を与えた存在であるが、彼はまるで海中の蛸《たこ》のように周囲に合わせておのれの色を変え、形を変えながら、貴族社会の隙間を自在に泳ぎ回った極めて興味深い人物である。

ウィーン音楽史の研究家として知られるエーリヒ・シェンクの著作の中に興味ある記事が掲載されている。以下の文章はそれらに負うところが大である。姓はアフリージョ、名はジュゼッペ、その名からすればイタリア人であるが、氏素姓はもとより正確には生年も没年もわからない。生まれはナーポリで職業はギャンブラーとある。ペーザロやヴェネツィア、リヨンなどで有名なカザノーヴァとつき合っているところを見ると、こちらも定住性のない人種とわかる。もしカザノーヴァと同年配とすれば、ウィーンでレーオポルト・モーツァルトと渡り合ったころは四〇歳前後ということになる。カザノーヴァに対して彼はマルカーティという別の名を名のっていたという。

一七五〇年代のあるとき、彼はウィーンに流れてきたが、そのときは〝アフリージョ伯爵〟と名のっていた。モーツァルトの伝記の中には彼の名をダフリージョ D'Affligio と貴族風にDを入れているものがあるが、これは本人の〝自称〟をそのまま採用したためであろう。この自称伯爵は〝蟹亭《ツム・クレブス》〟という居酒屋に住みつくギャンブラーとなった。この居酒屋で知り合ったバクチ好きのヒルトブルクハウゼン大公に目をかけられるようになったダフリージョ伯爵は大公に頼んで四〇〇〇グルデンで陸軍将校の免許を手に入れ、二年後には中佐まで進級させてもらっている。〝ダフリージョ伯爵〟はこの利権を足場に軍需品の商売に手を出し、まもなく一〇万グルデンの利益を挙げたといわれる。羽振りの良くなった彼は調子に乗って、さる貴婦人に手を出し、訴えられて、ウィーンから追放になる。一七五六年というからモーツァルトの生まれた年のことである。

追放になったアフリージョは元のギャンブラーに戻り、ミュンヘンからパリの賭場に足を伸ばす一方、カザノーヴァばりの情事やスキャンダルで悪名を流した。

一〇年ほど経った一七六五年、彼はヨーゼフ二世の神聖ローマ帝国皇帝戴冠式の行われるフランクフルトに姿を現した。ここに集まる王侯貴族やその取り巻きたちを相手に一儲《ひともう》けしようという魂胆であったろう。ここで、だれと、どういう取り引きが行われたかは不明だが、まもなくアフリージョはウィーンに舞い戻った。この度は〝興行師〟Entrepreneur という肩書きであった。

例によって言葉巧みに取り入った相手が、レーオポルトの書簡の中にも名前を見せるカウニッツ大公であるが、大公は当時のウィーンの宮廷における劇場関係の権力者であった。彼からアフリージョの得た肩書きは〝ウィーンにおける興行のすべての権利の唯一の支配人〟というもので、「ドイツ人とフランス人のすべての俳優の興行権者、セーリアとブッファを問わずすべてのイタリア・オペラの歌手の管理者、バレエの監督、アリーナの中で犬に追い回される不幸な動物の王様」となったのである。要するに宮廷はこの男に劇場関係のことをすべて丸投げにしていた。

「アリーナの中で……」というのは当時のウィーンで最も人気のあったショウで、円形の小型の闘技場に犬を二匹と獲物になる動物を放つと、囲いの中を逃げ回る動物を犬が追いかけ回してこれを噛《か》み殺す――ミニ版の闘牛のようなものであるが、これに使われる二匹の犬はブルドッグで「野生のハンガリー種の牡牛《めうし》」を追い回してこれを仕留めたという猛犬である。彼は、この二匹の犬は彼の「フランス劇団のスターたちよりも大事」だと広言していたというのだが、もし、彼がこうした派手に儲かるショウの興行権を持っていたとすれば、少年モーツァルトのオペラの興行など財政面で渋るような経済的理由は考えられない。彼にその気さえあれば、オペラの一つや二つは問題なく上演できたことであろう。

それやこれやで、彼がウィーンで失敗したことは何もなく、ひどく儲かっていたはずであったが、調子に乗り過ぎたのか、ツケ届けが足りなかったのか、彼は三年で全権の契約を解除されてしまう。その後は……。

ミラーノに行ってギャンブラーに戻ったということだったが、事件を起こして追放になり、フランスのリヨンからスペインのバルセロナに行き、再び興行師になった。だが、一七七九年にはフィレンツェで通貨偽造の罪に問われ、「ガレイ船の終身漕役」の刑に処せられたということである。この時代にはもう地中海にはガレイ船はなくなっていたが、何らかの奴隷的な重労働の終身刑に処せられたということであろうか。その後のことはわからない。

Questo è il fin di chi fa mal!（悪漢の末路はこのとおり）

（オペラ《ドン・ジョヴァンニ》より）

第五章　イタリアの陽光

音楽の風は聖地イタリアから吹いた

今の時代に生きている人たちに、近代の音楽の世界でリーダーシップを握っていたのはイタリアであると言ってもピンと来ないかもしれない。それほどに、一九世紀の後半から二〇世紀にかけ、ドイツ人によって〝クラシック音楽〟というわけのわからない呼び名を持つ音楽や音楽観が作られ、さまざまな理由によってそれが世界に普及してしまったため、それ以後の人から見ると音楽の世界はドイツ一色のように見えるのだが、少なくとも一九世紀の前半までは音楽の世界の眺めは全く別のものである。

たとえば今の人は（世界のどこでも）Ｊ・Ｓ・バッハといえばブランデンブルク協奏曲や無伴奏のヴァイオリンやチェロ、ピアノ・オルガンなどの名曲を思い浮かべてしまうのだが、彼がそうした器楽と関わったのはごくわずかな時間だけで、生涯のほとんどは教会の声楽と共に過ごしたものであるし、ヘンデルといえば「水上の音楽」などを思い浮かべるのであろうが、彼はイタリアで修業しロンドンで功成り名遂げて名声に包まれて死んだイタリア・オペラの大家なのである。彼はドイツ語のオペラなど書いたこともない。イギリスに帰化し、ゲオルク・フリードリヒからジョージ・フレデリックと名前をイギリス風に改めている。

　ハイドンといえばシンフォニーと弦楽四重奏の大家ということになっているが、彼はミサの音楽を一四曲、テ・デウムなどの教会音楽を二三曲、オラトリオを六曲、カンタータを一一曲、オペラを二六曲、ソロの歌曲を五二曲とぼう大な数の声楽曲を残しているのである。

　一八世紀までの音楽の世界にはイタリアの風が吹いており、教会音楽にせよ、世俗のオペラにせよ、声楽の作曲ができて初めて作曲家として数えられたのである。楽器は主として声楽やダンスの伴奏用と考えられており、楽器の発達に伴って演奏家（ソリスト）たちが、声楽に劣らぬような名人芸を以て声楽主流の音楽の世界に割りこんでくるのは一九世紀もしばらく経ってのことである。

　その後のドイツの理論家たちの活躍はめざましく、音楽はバッハ、ベートホーフェンらを中心に、器楽を主流として発展してきたものであるかのような奇怪な音楽美学、音楽史観を創作し、展開させ、さらに奇怪な〝クラシック〟という呼び名さえそれに与えられたのである（もちろん、文芸、絵画、彫刻などの分野でクラシックといえばギリシャ・ローマの芸術に与えられた名称である)。

そして音楽にジャンルの概念を与え、概念別に品位のランキングを作り、交響曲や弦楽四重奏を最高のジャンルとし、協奏曲などは低俗で、器楽に比べて声楽は一段低いものと見なした。そういった考え方はカントの哲学あたりに源流を持ち、かなりにこじつけて音楽の評価法に直したものだが、たとえば、交響曲や四重奏曲がなぜ最高のジャンルかといえば、カント流にそれが〝純粋〟だからだと言う。それに対して不純なジャンルといえば、たとえば協奏曲は名人芸的《ショーピース》な要素があるので不純なのであり、声楽には歌詞という余分な要素が含まれているので器楽に比べれば不純なのである。

これに従えば、モーツァルトの至純至高の「アウェ・ウェルム・コルプス」や「レクイエム」の音楽は声楽なるがゆえに三文音楽家の書いた〝交響曲〟よりランクが下だということになり、まことに妙な具合なのだが、これ以上の議論は別の場所に譲るとして、少なくとも、モーツァルトが生まれて死んだころの音楽の世界の鳥瞰図《ちょうかんず》の中においては、主流として滔々《とうとう》と流れている大河はオペラと教会音楽、すなわち声楽であった。これを作曲できる人が宮廷作曲家になれたのであり、交響曲などは(オペラの序曲と同じように)声楽を中心とする音楽会というものの前座に演奏されるガヤ静めの音楽のことで、そのようなものをいくら作っても作曲家の名誉にはならなかった。ただし、例外として一八世紀末のパリとロンドンがあり、この二つの都では交響曲は前座の音楽から鑑賞用の音楽に出世していた。

オペラ界のアイドル「カストラート」

そういった意味では教会音楽の源流の地であり、オペラの発祥の地であるイタリアは当時のヨーロッパにあっては音楽の聖地であった。

中世のキリスト教文明の支配下にあっては他のジャンルの芸術と同様に、音楽も受難の時代にあった。たとえば教会のチャント（詠唱）は音楽というより簡単な節のついたお祈りといった程度のものに過ぎなかったが、音楽のルネサンス（再生）も、もろもろのほかの文化と歩調を揃《そろ》えてイタリアに始まった。教会では合唱がみごとな発達を遂げ、対位法と呼ばれる作曲技術が極限まで進歩して、ちょうどルネサンス絵画が壮麗な美の世界を創造したように、考えられぬような高度な音楽が大伽藍《だいがらん》のうちに鳴り響くようになったのだった。

俗界では一七世紀のイタリアでオペラが誕生し、音楽、文芸、美術、舞踊などを綜合《そうごう》した一大芸術として、劇場の華となる。そして一八世紀の扉が開くころには、フランスを除けば、ヨーロッパ諸国に対するイタリア・オペラの優位は決定的なものになっていた。アルプスの北の国では競ってイタリア人の画家、彫刻家、建築家、造園技師などと共に、イタリア人の歌手や音楽家を、高給を払い三顧の礼を以て〝輸入〟せねばならなかった。

その各地に輸入されたイタリア人の音楽家のうち、作曲家として宮廷全般の音楽を取り仕切ることのできるような有能な人物には〝楽長〟という位が与えられて特に優遇された。

ところが重要にして高給の〝楽長〟先生よりも時に何倍も高い報酬を受ける音楽家たちもいた。この高値の芸術家は去勢歌手《カストラート》と呼ばれ、女声のような高音域を持つうえに輝しく大きな声の出る（元）男の歌手のことである。カストラートを作り出したのはヴァティカンであると研究書は教える。もともとルネサンスの時期に解放され急成長を始める教会の声楽は――女は教会で声を出してはならないというパウロの教えから――男の二声に始まった。旋律を歌う歌手をテノーレ（保持する）と言い、その下で低音を受け持つ役はバッソ（低い）と呼ばれた。そのうちにテノーレより〝高い声《アルト》〟を上に積むことを覚え、さらに高い声を〝その上《ソプラーノ》〟に積み上げて四声となる。このソプラーノという高い音域の声として動員されたのは最初は男の子たちであり、大人の裏声《ファルセット》であったが、あるとき、そのファルセットや少年よりも輝しく高い声の出る歌手を（おそらく悪魔が）連れてヴァティカンの門を叩いた。それがカストラートの始まりである。

これはナーポリの音楽院《コンセルヴァトーリオ》（孤児院）で幼いころに去勢手術を施された上で専門の歌手として教育を授けられた男たちであり、その声の艶や力の点においては、ボーイソプラノやファルセットをはるかにしのぐものがあったので、たちまちヴァティカンはこれを気に入って正規の歌手の中に加えた。やがてこのカストラートたちは花形となり寵児となって教会を出るとオペラの世界でのアイドルとなる（ヴァティカンの公式の記録としてはカストラートを採用した記述はなく、ファルセットとして登録されているそうである。子供のうちに生殖能力を奪うという行為が天地神明に恥じるものであることはわかっていて、記録を偽装したものであろう）。

歌手の生産地だったナーポリとヴェネツィア

カストラートはともかく、大量に輸出されたイタリア人の歌手や音楽家をヨーロッパの北の国々が採用するには、一国の経済が潤っていなければならなかった。財政に余裕のある宮廷がオペラ劇場を作り、オペラを上演することができた（オペラというのはイタリア語で歌うオペラのことであり、ドイツ語のオペラなどというものは存在しなかった）。オペラは音楽のみならず、文芸、美術、舞踊などを綜合した芸術で、必然的に金食い虫であったから、ベルリンのような比較的大きな宮廷でも七年戦争（一七五六―六三）の後などではオペラ劇場を閉鎖し、イタリア人の歌手たちとの契約を解除している。それだけに、劇場を持ち高額のイタリア人の歌手や楽長を傭《やと》えるということは大国の証《あかし》でもあった。アルプスより北の国々では、イタリア人の歌手を抱えて劇場を運営できることが、その王国の文化的レベルの高さの象徴であると同時に国の経済力の象徴でもあったわけである。

そうしたオペラの発生源であり供給源であることが、音楽芸術の面で、イタリアの絶対的優位を確立させた要因の一つであるが、アルプスの北では、どこでもオペラは王室の保護のもとにある娯楽で、庶民が滅多に拝めるものではなかった。

だが、イタリアではオペラは誕生後まもなく庶民の娯楽になっていた。そこではオペラは王室の保護芸術として有り難がるものではなく、村芝居などと同じく〝興行〟として一般の市民を相手に公演されるものになっていた。つまり、アルプスの北の国と違ってイタリアではイタリア語で歌われるオペラを鑑賞するのに言葉の壁がなかったし、自国で生産される歌手たちには事欠かず、安上がりだった。中でも町や村の劇場の合唱隊員は近辺のオジさんオバさんたちののど自慢チームであり、靴屋、仕立屋などを生業とする連中が、夜になると着替えて舞台に立ち大向こうの声援を受けるのであった。それはオペラがイタリア語であったためにイタリア人にのみ許されたような特典であった（この素人歌手たちによる合唱団は二〇世紀の劇場でも続いていた）。

アルプスの北では引っ張り凧の貴重なイタリア人のソロの〝歌手〟たちも掃いて捨てるほどにいて供給は常に潤沢だったが、中でも歌手の生産地は男声は主としてナーポリであり、女声はヴェネツィアであった。この二つの都市は共に著名な〝港町〟である。港町に船が入れば水夫が船から吐き出される。従って娼館があり娼婦がひしめいている。娼婦のいるところ、私生児が生まれる。生まれた子は母親の商売の邪魔になるので多くが捨てられて孤児になる。孤児はやがて大人になる。この子たちには、一般市民の徒弟制度の社会に入って職業を習得したり継承したりすることは許されない。この子たちが就ける職業は〝流れ者〟の職業、つまり貴族の邸の楽士や料理人、馬丁、下働きの雑用係などである。

ナーポリの孤児たちには救済措置の一つとしての音楽院《コンセルヴァトーリオ》が作られていて〝音楽〟を生業として身につける無料の職能教育が行われていた。卒業の暁にはイタリアはもとよりアルプスの北の国々の貴族の館に職を求めて出かける。正規の「コンセルヴァトーリオ」で養成された孤児たちは晴れてソリストになれた。ソロの歌手ともなれば、並みの楽士よりははるかに上の待遇が得られ、孤児たちにとっては望外の出世となる。

そのナーポリでは女の孤児は扱わず、女の子たちはもっぱらヴェネツィアで教育された。ここはナーポリと違い、「コンセルヴァトーリオ」ではなく、大きな教会に付属の孤児院がそれぞれに職業教育を施した。といっても女の子たちの就ける職業はそれほど多くないが、花形は何といってもオペラのソロの歌手であった。その女子のための孤児院の音楽教官の中で最も有名なのは〝赤毛の司祭〟ことアントーニォ・ヴィヴァルディであろう。彼の本来の役職はピエタ教会の司祭であり、同教会に付属する孤児院の音楽の教官であったが、そのかたわら、オペラを初めとする世俗の音楽を無数に作曲し、今にその名を残すばかりでなく、時に自作のオペラ興行も手がける商売人であった。彼は晩年カール六世に乞われてウィーンに行くが、その年カール六世が亡くなり、司祭もまたその地で生を終えた。彼の残したヴァイオリン協奏曲は有名な「四季」を含めて二五〇曲もあり、これらはピエタ孤児院の女生徒たちの日曜日の演奏会のために書かれたものだが、その作品の質の高さをみれば女生徒たちの演奏の腕前が、ソロばかりでなく合奏の部分も含めて、いかにすばらしかったかがわかる。ヨーロッパの北の国から、はるばるとピエタ孤児院の女の子の演奏会を聴きにくる客は多かったが、若き日のジャン＝ジャック・ルソーなどもその一人で、興味ある手記を残している。

ボローニャやヴェローナの〝音楽大学〟

オペラと並んで、イタリアが誇る音楽はルネサンス以降の教会音楽の発達である。それらはヴァティカンのサン・ピエートロ教会、ヴェネツィアのサン・マルコ寺院などを初めとする大伽藍、大聖堂の構造から生まれてきたポリフォニー（複線）の音楽が巨大な花を咲かせたものであり、その対位法と呼ばれる作曲技術は芸術であると同時に学問とも言えるような高度な技術で、時に難解なものであった。そのためイタリアでは、この作曲技術は大学《アッカデーミア》と呼ばれる学問所で管理されるという制度が発達した。ちなみに、それらの学問的音楽の一八世紀におけるセンターはボローニャやヴェローナの〝音楽大学《アッカデーミア・フィラルモーニカ》〟であったが、その創設は前者の例でいえば一六六六年で、古くからある大学の教科の一部門が独立してこの名を名のるようになった。モーツァルトのころの最も輝かしいメンバーはジョヴァンニ・バッティスタ・マルティーニ神父であった。彼は三部より成る大著『音楽史《ストーリア・デッラ・ムージカ》』の著者であり、二〇〇〇曲にもなろうという教会音楽の作曲家であり、イタリア一と言われる対位法の大家であり、教授であった。

ボローニャと並ぶ音楽の聖地はヴェローナで、その大学の音楽部門の独立は一五四三年というからボローニャより歴史は古い。いずれにしてもこの二つがヨーロッパにおける学問としての音楽の聖地であり、これらのアッカデーミアで至難といわれる対位法の作曲技術の試験に合格した者には数少ない〝会員資格（卒業免状）〟が与えられた。受験資格は二〇歳以上と決まっていたが一四歳のモーツァルトがボローニャの試験に合格し、特別にその資格を手にすることになる。

音楽史をリードしたイタリアの声の文化

音楽に関する人類の歴史は〝歌う〟ことの歴史といってよい。まだ楽器のないころから人間は歌を歌っていたし、それは連綿と受け継がれて今も人は歌っている。どこの国のどんな時代にあっても人間は歌を歌ってきた。西洋音楽史も、判明している限りにおいてそれは圧倒的に声の歴史である。少なくとも一八世紀までは、楽器は歌や踊りの伴奏でこそあれ、それ自体で鑑賞の対象になることはほとんどなかった。

その輝かしい歴史を少なくとも一五世紀以降においてリードし、ヨーロッパ他国に圧倒的な差をつけて咲き誇ったのがイタリアの声の文化であった。ルネサンス絵画のあの豊饒《ほうじょう》、栄耀《えいよう》、そして精緻とは、イタリアの声楽そのものであり、他国の追随を許すことはなかった。モーツァルトが生きたのはその時代であり、モーツァルトが生涯かけて作曲したかったのはほかならぬ〝オペラ〟であった。

第六章　アマデーオ降誕

失意のウィーンから陽光のイタリアへ

ウィーンで散々に痛めつけられたレーオポルトは、表向きは「陰謀だ」とわめき続けたが、彼自身の中では別のこだまも聞こえていた。「イタリアに行くのだ」とそのこだまは言う。

袋叩きにされてウィーンから追い払われた形のレーオポルトにとって、残された選択肢はそれしか見えない。息子が音楽の聖地イタリアを征服して戻れば、今度こそだれもが黙って一目おくようになるはず。それによって自分とわが子の失地が回復されるであろうと。

「イタリアに行くのだ」

自らの声に励まされるように、ザルツブルクに戻ったレーオポルトはその年のうちに、諸侯宛ての紹介状の束を手に、イタリアに向けてそそくさと出発する。「イタリアへ行くことは少しも遅らせることのできない」急務であるとハーゲナウアーに書いたこともある（第四章八三ページ参照)。

一七六九年一二月一三日、冬に向かうというのに、何かに憑《つ》かれたかのように、アルプスに向かう。コースの途中にあるブレンナー峠は、今でも冬期は積雪のために車輛《しゃりょう》通行止めとなる〝天下の嶮《けん》〟である。二日後の一五日にはインスブルックに着き、一九日にここを発《た》ってシュタイナハで一泊し、一週間後の二〇日に標高一三七〇メートルというブレンナー峠を越えてイタリアに入った。アルプスの北側では、冬は厚い雲に閉ざされ、暗い日が続く。それが南側に抜けると嘘のような青い空が見られるようになる。そこは人々の心に明るさを吹きこむ南の国である。二人は南国の日差しに包まれて風光明媚《ふうこうめいび》の南斜面をゆるやかに下って行く。近くにはコルティナ・ダンペッツォやドロミテなどの景勝の地がある。二四日にはロヴェレートに着く。ここは小さな町だが古くから交通の要衝として、観光地として知られている。

到着早々にイタリアから二人は歓迎を受ける。

貴族の方たちがトデスキ男爵邸でコンサートをさせてくれた……ヴォルフガングがいかに評判を高めたかは言うには及ばないであろう。次の日の午後、主教会のオルガンを見に行ったが、私たちがそこへ行くことを知っているのはわずかな人に限られているはずなのに、ロヴェレート中の人が集まってきて動きがとれない。体が大きくて頑丈な人が先に立って群衆をかき分けてくれたので、ようやく祭壇のオルガンに着くことができたが、五分もかかってしまった。

（一七七〇年一月七日付　レーオポルトより妻宛ての書簡）

というほどの人気であった。

ウィーンでいじめられて散々な目に遭ったのが嘘のように、イタリアに着いた二人はまだ主要都市のどこへも着かないうちに早くも人々の歓呼の声の大きさにとまどうほどであった。

続いて年末の二八日にはヴェローナに着き、さらなる歓迎の大波にさらされる。ここは前章で見たようにイタリアの中でも一頭地を抜いた存在の音楽の都である。カルロッティ侯爵、ロカテッリ氏、カルロ・エミリー伯爵、ジュスティ伯爵、ラガッツォーニ氏、ルジャーティ氏、ヴェローナの大僧正ペデモンテ伯爵、などの貴賓の名前が一月七日付のレーオポルトの妻への手紙の中で躍っている。

このころには、ウィーンの悪夢はすっかり洗い流されて元気が戻ってきたようなモーツァルトがそのヴェローナから姉に宛てて書いた一月七日付の手紙は、調子に乗ってドイツ語の中にイタリア語がチャンポンにして使われている。

あなたはぼくが思っているよりずっとイタリア語が上達しましたね。

Lei è piu franca nella lingua italiana, di quel che mi hò imaginato.

言葉がチャンポンになるのはモーツァルトがはしゃいでいるときである。

ヴェローナの新聞が賞賛の嵐

そのヴェローナでは一四歳の少年モーツァルトの音楽会を賞賛する記事が「ガゼッタ・ディ・マントヴァ」という新聞の一月一二日版に掲載された。繰り返せば、ヴェローナはイタリアの中でも音楽に関しては特に識見の高い〝うるさ型〟の揃った都である。おそらくはレーオポルトもヴォルフガングも、おそるおそるページを開いてみたことであろう。しかし心配することはなかった。同紙はこの天才少年に惜しみない賞賛を送ってくれた。

当市（ヴェローナ）としては、ザルツブルク生まれのまだ一三歳にも満たないドイツの少年アマデーオ・ヴォルフガンゴ・モーツァルト氏の音楽における驚くべき妙技をお知らせする以外のなにものでもないのである。少年の父親はザルツブルク市の大司教猊下に仕える楽長である。この少年は去る五日金曜日にアッカデーミア・フィラルモーニカのホールで市当局の権威筋の方、満員の貴族の殿方、ご婦人方を前にして音楽の名人技を開陳してみせ驚きをもたらしたのであった。高名なる演奏者の数多く列席される中で最初に少年が演奏してみせたのは自身で作曲した極めて美しいシンフォニーアで、喝采に値するものであった。続いてみごとなチェンバロの協奏曲を視奏し、そのあと初見のソナタを演奏した。これに続いて四つの詩が少年に提示されたが少年は直ちにその場でそれを最上のアリアに作曲し、同時に歌ってみせたのであった。次に主題とフィナーレが少年に提示され、少年は芸術の最上の作法に従いそれを即興で展開してみせた…(中略)…少年は幼いときからの旅行の間に成長しながら、今、イタリアを巡回しているのだが、これからも彼が行くところどこにおいても同じような驚きを、特に専門家や知識人たちの間に、巻き起こすことは疑いないのである。

賞賛の内容は私たちには耳新しくないが、この場所が音楽の聖地としてはボローニャと並ぶ一方の雄のヴェローナであることに値打ちがある。このあとこの演奏会の場所を提供したアッカデーミア・フィラルモーニカからモーツァルトに〝楽長《マエーストロ・ディ・カペッラ》〟の称号が贈られるという最高の栄誉が降ってくることになる。

ここで不思議なできごとは、ヴェローナの新聞が彼の名前をアマデーオ・ヴォルフガンゴと書いていることである。少年は生まれてからこれまで〝ヴォルフガング(ヴォファール)〟としか呼ばれたことがない。アマデーオなどという呼び方をされたことがなかったのに、ここイタリアで（しかも聖地ヴェローナで）突然に自分のファースト・ネームがアマデーオとなって新聞にプリントされているのにはキョトンとしたのではあるまいか。特にヴォルフガンゴがついていなくて、単にアマデーオ・モーツァルトと書いてあったりするのを見ては、もっとめんくらったにちがいない。

新聞が彼をアマデーオと書いたのに合わせるように、ヴェローナの詩人メスキーニはこの神童を讃える詩を作った。その献辞は、

アマデーオ・モーツァルト　Amadeo Mozart
愛らしき少年にして最も優美なる音楽家　Dulcissimo puero et elegantissimo Lyristae

となっている。だれもがこの神童の名前をアマデーオだと思っている。

ヴェローナのあとマントヴァに移った親子はここでも大喝采を受け、新聞記事になる。不思議なことに、マントヴァでもヴォルフガングの名前はヴェローナと歩調を揃えたように、

Sign. Amadeo Mozard

Sign. W. Amadeo Mozart
Sign. Amadeo

などと、印刷されていた。それに見る限り〝アマデーオ〟はまるで生まれつきのファースト・ネームのようである。

ドイツではヴォルフガング、イタリアではアマデーオ

このあとボッゾーロを経由して一月の二三日にはミラーノに入る。ここでも到着したのはアマデーオ・ヴォルフガンゴ少年と報道された。

ヴェローナの新聞で自分の名前が〝アマデーオ〟であるという新発見をしたのが一月の九日で、それから二三日にミラーノに着くまでは二週間かかった。この間、シニョール・アマデーオと呼ばれ続けていると、何だかそれがずっと以前からの自分の名前のように感じられてくる。そしてこの新しい名前はいつもイタリア人たちの熱狂的な拍手と賞賛とに二重写《オーバーラップ》しになっている。つい半年ほど前、ヴォルフガング・モーツァルト少年はウィーンで音楽家たちから、天才とは偽りの真っ赤なニセ物呼ばわりされて袋叩きに遭っていたことを思い出すと隔世の感がある。

ヴォルフガングはボロくそだったが……。

アマデーオと呼ばれる今は賞賛の嵐の中にいる……。
二月一〇日に、新アマデーオ君は姉のナナールに短い手紙を書き、それに風変わりな署名をした。

悪魔のことを話せば悪魔は現れる（噂をすれば影が射す）。神様のお蔭でぼくは元気です。姉さんからのお返事の到着時間が待ちきれません。ママの手にキスして姉さんにはチュチュしちゃおう、あなたの変わらぬ……変わらぬ何だ……変わらぬ滑稽役者《ハンスブルスト》より。
ドイツではヴォルフガング
イタリアではアマデーオ
デ・モーツァルティーニ
Wolfgang in Teütschland Amadeo in italien De Mozartini.

署名はおどけているが、一見すると、〝ヴォルフガング〟への訣別宣言《けつべつ》ともとられかねない。イタリア語かドイツ語かわからぬこの最後の一行の心を日本語にするとすれば、「ドイツにいたときは生まれてからずっとヴォルフガングだったけど、姉さん、ここイタリアに来て、ぼくはアマデーオになったのさ。ついでに苗字《みょうじ》もイタリア式にデ・モーツァルティーニというのは

フィレンツェではお若いイギリス紳士に会った。この子は有名なヴァイオリニストのナルディーニの弟子でね、驚くほど立派な(wunderschön)演奏をするが、ヴォルフガングとは齢も同じで背の丈も同じくらいだ。私たちがたまたまド・ロジエ氏の紹介で伺った博学の女流詩人コリッラさんの家でお会いした。二人の子供はその晩を互いに弾き合い、あるいは、抱き合いながら、過ごした。次の日なんとも可愛いこの少年紳士はヴァイオリンを抱えて私たちの宿へやってきて午後中弾いていた。ヴォルフガングも自分のヴァイオリンで伴奏をしていた。次の日は私たちは大公領の財政を預かるガヴァール氏の邸で昼食にあずかったが、二人の少年はその午後もずっと互いに弾きっこをしていた。二人の演奏は子供というよりまるで大人のようだった。トマーゾ君は私たちの宿まで送ってくれたが私たちが翌日ここを出発すると知って涙を流して泣いた。出発が昼過ぎだとわかると、朝の九時に訪ねてきて、ヴォルフガングと何度も抱擁を交しながら一篇の詩を私たちにくれた。前の晩にコリッラさんが彼に代わって書いてくれた惜別の詩だ。そのあと、私たちの馬車について市の門まで来てくれた。おまえにこの情景を見せたかったね。

このあと、二人の神童はもう一度フィレンツェで会えるつもりでいたが、馬車が転倒するという事故でレーオポルトが負傷したため旅程が狂い二人はついに会うことがなかった。ボローニャの宿で、モーツァルトはお詫《わ》びの手紙をリンリーに書く（九月一〇日付）。

やっと手紙が書けます。ほんとのところナーポリのぼく宛ての君のすてきな手紙にお返事を出すのがとても遅れたわけですが、君の手紙が二ヶ月もかかってぼくのところへ着いたからです。父の計画ではロレートからボローニャに行き、そのあとフィレンツェからリヴォルノ、ジェノヴァを経由してミラーノへ行くつもりでした。それだったらフィレンツェに黙って現れて君を驚かせることができたのです。ところが馬車の馬が道路で倒れるという事故で父が足をひどく傷めて三週間ほど寝たきりになってしまい、そのあと七週間もボローニャに留まることになりました。このひどい事故のお蔭で私たちは予定を変更し、パルマからミラーノへと来ました。この事故さえなければ、ぼくの親友に会う喜びのために全力を尽くせたのに……父もぼくもコリッラさんやナルディーニ先生にお会いしたいと思っていました。ボローニャはそのあとのはずだったのです。……

この手紙は一四歳のモーツァルトが全文をイタリア語で書いている。第四章で見たように、ウィーンでは、モーツァルト少年がイタリア・オペラを作曲すると言えば、少年はイタリア語がわかっていないという根も葉もない陰口が飛び交ったものだったが。

リンリー少年はこのときモーツァルトに会い損なってしまったが、この三年後にロンドンに戻って演奏と作曲に華々しい活躍を見せた。しかし一七七八年、二二歳の若さで水難事故に遭い帰らぬ人となった。彼はモーツァルト並みの速筆であり、二一曲にのぼるヴァイオリン協奏曲を初めとして数多くの作品を書いたとされているが、モーツァルトの場合と違ってレーオポルトのような管理能力のある人物が傍《そば》についていなかったこともあり、その作品のほとんどは痕跡だけを残して散佚《さんいつ》してしまい後世に残らなかった。

モーツァルトとリンリー、この二人の神童はフィレンツェでただ一度だけ出会い、別れたあとは二度と会うことはなかった。

門外不出「ミセレーレ」を記譜

リンリーと別れたモーツァルト親子はこのあとローマに向かう。折から復活祭の前の聖週間のことで、二人は四月一一日水曜日の昼ごろにこの巨大な都に着いた。レーオポルトは書く。

……聞くところでは当地ではこの四ヶ月間毎日のように雨が降っていたそうだが、私たちもその実例をお見舞いされてしまった。というのも水曜日と木曜日（註：一一日と一二日）は良い天気だったのでサン・ピエートロ教会とシスティーナ礼拝堂に、ミサの間に演奏されるミセレーレを聴きに行ったものだ。その帰り道に、もの凄い局地的な豪雨に見舞われて、お蔭でコートは見たこともないほどのズブ濡《ぬ》れになってしまった。

このときに聴いた「ミセレーレ」を少年モーツァルトが宿に帰ると記憶をたよりに再生し、記譜してしまったのだが、父レーオポルトはその驚くべきことをこの手紙の中に書いていない。書いたのは帰り道に降られた豪雨のことだけである……。

このグレゴーリオ・アッレグリ（一五八二―一六五二）の書いたミセレーレという曲はヴァティカンの聖歌隊の門外不出の秘曲とされ、聖歌隊員ですら譜面を持ち出したり写しを取ったりすることは禁じられていた。この曲の合唱の部分は四声のフォーブルドンという比較的簡単な構造だが、ソリスト五人による修飾部がついていて、合わせると二部九声の曲になる。滅多に聴けない曲なので、一度は聴いてみたいと思う人たちが音楽家を含めて大勢いたとしても、一年に一度、聖週間の間（復活祭の前の一週間）だけしか演奏されないために、聴くチャンスはひどく限られている。また、これまでにこの曲を写譜することを許された者は史上に三人（神聖ローマ帝国皇帝レーオポルト一世、ポルトガル国王、それにボローニャのマルティーニ師）しかいない。モーツァルトがイタリア旅行の限られた日程の中で、その一週間にめぐり合えたのは僥倖《ぎょうこう》であった。
そのあとナーポリに行ったレーオポルトの筆には、さらに弾みがつく（五月一九日付）。

私たちは昨日ポルティーチまで馬車で行きタヌッチ侯爵を訪問した。明日も呼ばれている。道路が悪いのと風が冷たいのには閉口している。厚手の服はローマに置いてきたのでモールの着いた夏の服装をしている。ヴォルフガングのはバラ色のモワレなのだが、その色が特別なのでイタリア人たちは〝火の色《コローレ・ディ・フォーコ》〟だと言うんだ。銀のレースの飾りがついており青い絹の裏地が張ってある。私の服はシナモン色で銀のレースの着いたフィレンツェ製のピケの生地で、裏地は青いリンゴの色だ。二着とも立派な衣裳《いしょう》だが、私たちが帰郷するころには婆《ばあ》さんのように皺《しわ》になっているだろう。

昨夜はロンドンで知り合った当地のイギリス大使ハミルトン卿を訪問した。夫人のピアノの演奏には並みではない感性が見られ、また、社交的な方だ。ヴォルフガングの前で弾くのにはびびっていた。彼女はイギリスのシューディ製のすばらしいクラヴサンを持っている。二段鍵盤のペダルつきで、二つの鍵盤はペダルの動作から切り離せるようになっている。ハミルトン邸にはロンドンでお会いしたことのあるベックフォード氏とワイス氏とがおられた。一六日はシューディ男爵と昼の食事を一緒にした。……

レーオポルトの洋服自慢が出ているが、五月というので、お洒落《しやれ》な夏服を着こんだ親子は心も軽い。そこに描かれている服を見れば、それらは庶民の衣裳ではない。彼はその最初の旅行のときから衣裳に金をかけることによって〝楽士〟という低い階層の人間ではなく楽長クラスの上等の人種に見られるようにと計算していたが、あるとき「良い衣裳を着ていたお蔭で貴族だと思われてしまった」と嬉《うれ》しそうに語る手紙も残っている。

ロンドンで知り合い、現在ナーポリに大使として赴任しているウィリアム・ハミルトン卿とその夫人がこの手紙に登場しているが、このハミルトン卿はあのハミルトン卿であるのに、登場する才たけた夫人はエマではなく卿の前妻である。彼女の死後、後妻として入ったエマは美貌で知られ、ここナーポリではマリ・カロリーヌ王妃の親友となり社交界の花形となった。のちに彼女がネルソン提督の愛人となって天下に浮名を流すのは衆知のとおりである。

ハミルトン夫人がここで使っているクラヴサンはチャールズ・バーニーのイタリア音楽紀行にも登場し、稀に見る銘器として賞賛されたものである。製作者シューディ（チュウディ）は当時のイギリスのトップ・メーカーでハイドンの愛用した楽器は現在ウィーンの芸術史博物館にある。ヘンデルも同社の製品を愛用していたし、九歳のモーツァルトがロンドンに滞在中に弾いていたクラヴサンは製作番号四九六と同社に記録されている。シューディ引退後、工房は娘聟《むすめむこ》のジョン・ブロードウッドに引き継がれ、世はクラヴサンからピアノの時代に入るが、そのブロードウッドのピアノは晩年のベートホーフェンに愛されたことで知られている。
さて、ローマからの手紙には何も書かずに知らん顔をしていたレーオポルトだが、このナーポリにいてニュースを知らされた。

ミセレーレについての新聞記事を読んだが、二人でただ大笑いをした。心配をすることは何もなかったのだ。ヴォルフガングのやった離れ技については、どこでも大騒ぎになっているそうだ。ローマ中がそのことを知ったし、法王の耳にも入っているそうだ。何も心配することはなかった。その反対に、ヴォルフガングがやってのけたことは彼の名声を大いに高めることになった。近くおまえたちの耳にも入るだろう。……

イタリアは良い所だ。システィーナ礼拝堂の門外不出の秘曲、アッレグリの「ミセレーレ」を一四歳の少年が演奏の記憶をたよりにいとも簡単に譜面にしてしまった。考えてみれば、盗みを働いたような行為なのに、責めるどころか大騒ぎをして、褒めてくれているというのだ。
これがウィーンで起きたら逆に大変な騒ぎになったろう。やれ泥棒だ、やれ剽窃《ひょうせつ》だ、と言ううちは良いが、そんなことが子供にできるはずはない。嘘だ、詐欺だ、インチキだと、悪辣な噂となって流れたかもしれない。わずか一年前の今ごろ、ウィーンで、少年がオペラを書くというだけで、散々に叩かれたことを思い出しておこう。あれは悪夢だった。ウィーンが地獄だったとすれば、ここイタリアは天国か。

黄金の拍車勲章の騎士

楽しい思い出と共にナーポリを後にしたモーツァルト父子は六月二六日にローマに戻ってくる。この日ヴァティカンはモーツァルト少年に〝黄金の拍車勲章の騎士〟の位を贈ることを決定し、ネグローニ枢機卿《すうききょう》から本人に授与されることになった。それは七月四日付で本人に交付された（この証書はモーツァルトが一七七七年に出発したマンハイムからパリへの旅行の途次に紛失してしまったが、レーオポルトがザルツブルクのシュラッテンバハ大司教に提出した写しが残っている）。

私たちは金曜日にはトスカーナ大使のオディーレ男爵の食事に呼ばれている。明日はニュースが一つあるというのだが、もしそれが本当ならおまえたちは驚くだろう。というのも、パッラヴィチーニ枢機卿がヴォルフガングに騎士の勲章と証書とをじきじき手渡すように法王から指令されたということなのだ。これはまだ他言しないように。もし本当だったら次の土曜の便で知らせる。そういえば数日前にパッラヴィチーニ邸に招かれたとき、卿がヴォルフガングに向かって二、三回〝騎士殿《シニョール・カヴァリエーレ》〟と言われた。私たちはそれを卿の冗談だと思っていたが、今、考えてみれば、それは本当だったのだ。明日のご招待のあとで実行されるらしい……。

（七月四日付　レーオポルトより妻宛ての書簡）

それは本当だった。三日後の七月七日にレーオポルトから妻への報告がある。

私が十字勲章について書いたことは本当だった……ヴォルフガングは頂戴したみごとな金の拍車章を今後は佩用《はいよう》せねばならない。皆さんがあの子のことをどこへ行っても「シニョール・カヴァリエーレ」と呼ぶのには笑いが止まらなかった……。

この四日あとの七月八日に父子はサンタ・マリーア・マッジョーレ宮殿に伺候し、法王クレメンス一四世に謁見を賜った。レーオポルトの鼻は一段と高くなり、天にも昇る心持ちだったことだろう。

記録によれば、この謁見の場にグルクの司教コロレード伯爵ヒエロニムスが臨席していたとある。この名前は、この一年半後に亡くなるザルツブルクの領主シュラッテンバハ大司教の後を継ぐことになるヒエロニムス・フォン・コロレード伯爵その人のことである。すでにご承知のように、この彼はモーツァルトの天敵となり、彼をイビる役どころとなる。それが選《よ》りに選ってモーツァルトの光栄の受勲の場に同席していたとは何という運命の皮肉であったことか。もし、コロレード伯爵が本当にこの席にいたとしたら、のちにこの神童の天敵という役回りを、どうして演じることができたのだろうか。

附録

トーマス・リンリーよりモーツァルトに贈ったソネット（イタリア語）

君と別るると知るや
君の影を夢に追うも空《むな》し
涙あり笑あり喜びのありて
再会の望みにも心休まらず

法悦がわが心を音楽に開き
和声は確かなエデンの夢

汝《なんじ》の夢によって天国に運ばれ
真実なるものの現るを知る

おお幸いな時よ　おお祝福された日よ
君に初めて会い雅な音を聞きしとき
いかに魅せられしか言葉を知らず

わが愛さるるを知りては幸なりき
君を忘れざるわれを許されよ
君の徳と言葉に近寄るわれを

心からの敬愛のしるしに
トーマス・リンリー

（女流詩人マッダレーナ・モレッリ・コリッラによる代作）

第七章　ドラマの終わり

胸につかえる嫌な予感

三年、三次に及ぶイタリア旅行の成果は望外のものだった。法王から贈られた騎士の位と黄金の拍車勲章、ボローニャのアッカデーミアの会員資格、ヴェローナのアッカデーミアから贈られた〝楽長《マエーストロ・デイ・カペッラ》〟の称号、など多くの音楽家にとって極めて入手困難なタイトルと共に、レーオポルトが待ち望んだ夢が叶ったのはミラーノの宮廷からのオペラの作曲の依頼があったことである——それも三回も。

一七七〇年《ポントスの王ミトリダテース》（ミトリダーテ）

一七七一年《アルバのアスカニオス》（アスカーニョ）

一七七二年《ルーキウス・スルラ》（ルーチョ・シッラ）

これによってモーツァルトは、単なる〝鍵盤上の奇蹟を演じる少年〟の地位からさらに一段と昇格して、一流の〝作曲家〟に伍《ご》する肩書きを持ったことになる。四年前にはオペラを作曲するといってウィーンでいじめを食ったものだったが、本場のイタリアで、そのオペラを一曲どころか三曲も作って賞賛を浴びたのである。

だが、輝かしいイタリアにおける成果にも拘らず、レーオポルトにとって何やら不消化な、胸につかえる思いが一つだけあった。

それは最初の旅行の折、ミラーノの宮廷から委嘱されて作曲したオペラ《ミトリダテース》が成功し、少年の評価がこの上なく上がって、その結果、ミラーノの宮廷から、ヴォルフガングを宮廷作曲家として採用したいという打診があったときのことである。

レーオポルトの予定にはない光栄の申し出であり、ウィーンで手こずった彼は息子の就職先はミラーノでも良いという気になり、その申し出を受諾する旨の返事をした。一七七一年の春のことである。その同じ年の秋までには正式決定となって通知ももらえるはずだったが、待てど通知はなく、その秋に二つ目のオペラ《アルバのアスカニオス》の上演のためにミラーノを再訪した折にも、出るはずの話は出なかった。さらにその翌年の《ルーキウス・スルラ》の作曲上演のときも同じだった。あれほど好意的だったミラーノが急に消極的になってしまったのである。その話を最初に切り出してくれたフィルミアン伯爵らにそれとなく尋ねてみても、言葉を濁されるだけであった。

ミラーノが熱心に推進していた採用の約束を途中でなぜうやむやにしてしまったのか、レーオポルトにとっては不可解なこととして残った。

実はこのとき、ミラーノの宮廷が採用を見送ったのは、熱が冷めたとかというような単純な現象ではなく事態はずっと深刻だった。

マリーア・テレージアの裏芸

ミラーノつまりロンバルディーア総督のフェルディナント大公はこの年一六歳、ウィーンのマリーア・テレージア女帝の四男である。廷臣たちばかりでなく彼自身も、才気煥発《さいきかんぱつ》なヴォルフガング・モーツァルト少年を気に入っており、イタリア中が褒め讃えるこの神童を宮廷作曲家として採用するのはミラーノにとっては名誉なことで、良い案だと思った。即座に採用の決定をしても良かったのだが――総督である彼にその権限はあったが――そこはまだ未成年の若殿様のこと、ウィーンの母君マリーア・テレージアに対してヴォルフガング少年を採用したい旨を書き送って諒解《りようかい》を求めた。

しばらくして母君から来た返事はフェルディナント大公にとっては想像もしなかったほどの痛烈なものだった。

……あなたはあのザルツブルクの若者を採用する件について私にお尋ねです。私にはその理由がわかりません。あなたが今、作曲家とかその類いの無用の者を必要としているとは思いませんが、もしあなたがそうしたいとあれば、妨げるつもりはありません。私の意のあるところは、あなたが無用の人間を抱えてそれに肩書きを与えると、それが重荷になるようなことになるのではないかということです。もしあの者たちがご奉公するようになれば、あの者たちは世界中を乞食《こじき》のように歩き回り、その地位に傷をつけることになりましょう。その上、あの者たちは係累が多いのです。

（一七七一年一二月一二日付　マリーア・テレージア女帝よりミラーノのフェルディナント大公宛ての書簡＝全文フランス語）

「あの者たち ces gens は世界中を乞食のように歩き回り courent le monde comme des gueux...」とはきつい言葉だが、レーオポルトが、去る年、七歳のわが子を連れて演奏旅行に出かけ、三年半も戻らず、その間ザルツブルクでの公務を果たさなかったことは女帝の指摘するとおりである。

だが、その旅は女帝の非難とは別にレーオポルトにとっては栄光と勝利の旅だった。ドイツ諸侯の宮廷から始まって、パリはヴェルサイユ宮の新年の晩餐会に出席し、ロンドンではジョージ三世とシャーロット王妃のもてなしを受けた。ヨーロッパにこれ以上の宮廷はなかったから、神童モーツァルトの名誉は頂点に達した。三年半の旅から戻ってまもないレーオポルトが、真っ先にウィーンに駆けつけたのも、わが子を最初に褒めそやしてくれたマリーア・テレージア女帝への感謝の報告が第一であり、ついでのことに（あわ良くば）、わが子を宮廷へ採用する話などにならないかという皮算用もあった。

その目算が狂い、女帝が通り一遍の応待しかしてくれなかったとき、レーオポルトは打撃を受け、思い悩んだ（第三章参照）。

彼は知らなかったのである。三年半にわたる自分にとっては夢のような成功の旅を、ウィーンの女帝は、栄光の旅どころか、にがにがしい思いで見ていたことを。おそらくは、ウィーンの宮廷の折ふしの世間話の間にも「乞食のように」旅して歩き、公務の放棄を続けている二人への批判が、とげとげしい言葉となって女帝の口の端にのぼったことであろう。とすれば、ウィーンの宮廷関係者たちには、モーツァルト家に対する女帝の不機嫌な様子はよく知られていたであろうし、もしかしたら、それは彼らの常識になっていたかもしれない。

だが、レーオポルトは何も知らなかった。女帝が自分たちの活動をむしろ白い目で見ていることを——知っていればウィーンに来ることもなかったし、前出の悪夢のドラマもなかったのである。

そして、ミラーノのフェルディナント大公がヴォルフガング少年の採用を見送ったのは、そのマリーア・テレージア女帝の手紙のせいであったことも知らなかった。

知らなかったがゆえにレーオポルトはさらに次なる愚行に移る。

レーオポルトの誤算

輝かしいイタリア旅行の成果を手土産にして女帝陛下を訪問すれば――前回は思いがけなく素気ない仕打ちを受けて、そこからわが子のオペラ制作をめぐるスキャンダラスな事件にまで発展したのだったが、ローマ法王による叙勲、ボローニャのアッカデーミアの会員資格、ヴェローナでの表彰、ミラーノでのオペラを三つまで作曲してそれぞれ賞賛されたことなど、これ以上にない成果を引っ下げて、箔のついたヴォルフガング少年を今度こそ女帝は好意を持って迎えてくれるであろうというのがレーオポルトの目算だった。

さらには少年モーツァルトもすでに一七歳になり、正式に宮廷に採用されてもおかしくない年齢になったことではあるし……。

一七七三年七月一四日、イタリア帰りのレーオポルトはわが子を連れていそいそと、三度目のウィーン訪問の旅に出た。幸いなことにコロレード大司教は夏休みで不在だった。

七月一六日、二人はウィーンに着くと早速にマリーア・テレージア女帝に謁見の手続きをした。女帝は南のアイゼンシュタトに旅行とのことで少し待つことになった。

八月五日、モーツァルト父子は宮廷に伺候し、女帝に拝謁した。

八月一二日、レーオポルトは妻に手紙を書いてその結果を報告した。

「女帝陛下はわれわれにとても優しく接してくださった。しかしそれだけで全部でした」die Kayserin waren zwar sehr gnädig mit uns, allein dieses ist auch alles...

これだけだったのである。このあとなお一ヶ月以上父子はウィーンに滞在し、全部で一二通の手紙が残されているが、大した用件はない。反モーツァルトの分子たちも、見捨てられた神童に対しては手を出す気もないらしく、いたって静かであった。

潰《つい》えた夢

レーオポルトは何も知らなかった。女帝が息子のフェルディナント大公にあのように痛烈なモーツァルト批判の手紙を書き、そのことはおそらく貴族の間では周知の事実となっていただろうことを。

レーオポルトは何も知らなかった。だれも何も教えてくれなかったから。女帝は自分たち親子を「乞食のように世界中を歩き回る」手合で、傭うには適さないと言っていたのだ。

悪夢のドラマはここで終わる。レーオポルトの完敗であった。この五年間レーオポルトは、わが子のプロデューサーとしてウィーンにおける成功と栄達に賭けてきたが、今その夢は完全にしぼんでしまうことになった。

夢が消えてしまって残ったのはザルツブルクに逼塞《ひっそく》する生活だけだった。今にして思えば、領主大司教は、明らかに、マリーア・テレージア女帝の意向――モーツァルト親子は「乞食のように」世界を歩き回り公務を怠る――を知って赴任してきたのであろう。彼は旅行の請願をすべて握り潰し、決して親子を外に出すまいという政策をとり続けることになる。

ウィーンもザルツブルクも、その意味では共同謀議ででもあるかのように、モーツァルト家に対して締めつけを行ったことになる。

第八章　ウィーンの亡霊たち——陰謀・噂

女帝の死去

モーツァルト家とウィーンはいかにも合い性が悪く、一二歳のときには散々な目に遭わされた（第三章、第四章参照）。

捲土重来《けんどちょうらい》を期するレーオポルトが決行したイタリア旅行の三年間は、それとは全く逆に大成功であり、モーツァルトはこの上ない栄光の冠をいくつも手にすることができた。その勲章の群を胸に再び訪れたウィーンの宮廷に、モーツァルトはにべもなく袖にされた（第七章参照）。

それ以後四年余りはヒエロニムス・フォン・コロレード大司教（領主）のもとにザルツブルクで軟禁状態になる。

たまりかねて提出した旅行のための休暇願の無礼を咎められてザルツブルク宮廷オーケストラの職を親子もろともクビになる（第一章参照）。

クビになって喜んで就職旅行に出たもののどこでも傭ってもらえず、父親は大司教に詫びを入れて息子をザルツブルクに呼び戻す。

戻ってみてもモーツァルトの態度は改まることなく、領主とは一触即発の状態で推移する。

そんな中で――。

一七八〇年（二四歳）の秋、モーツァルトはミュンヘンの宮廷から六年ぶりにオペラの新作の依頼を受け、脱ザルツブルクのチャンスを摑んだ。他領からの依頼とあって正式に旅行の許可を手にしたモーツァルトは一一月五日、ミュンヘンに向かって出発した。今回のオペラは《クレータの王イードメネウス》（イタリア名《イドメネーオ》）。台本作者はザルツブルク宮廷の司祭ヴァレースコであった。受注の経緯についてはほとんどわかっていない。

劇作家としては鋭い見識を持つモーツァルトが、以後一月末の初演に至るまでの間に台本の修正をくどくどとザルツブルクにいるヴァレースコに手紙で要求した様子が今に残されている。それでもヴァレースコが抵抗して修正を嫌がるので、しまいにはモーツァルトは無断で切ったり貼ったりしている。

〝神は讃えられよ《ラウス・デーオ》〟――その曲はとうとうカットしました。第三幕のリハーサルはみごとなほどうまく行きました。最初の二つの幕よりずっと出来が良いと思われました。けれど台本が長過ぎ、従って音楽も長過ぎます（だれもがそう言います）。そこでイダマンテのアリア「いや、私は死を恐れない《ノ・ラ・モルテ・イーオ・ノン・パヴェント》」はカットします。いずれにしても場違いですから。でも音楽を聴いた人はカットするのはもったいないと言います。ラーフ（歌手）の最後のアリアもカットするのは残念だと言われます。しかし必要なことはせねばなりません。ご託宣のセリフはまだ長過ぎますので私が短くします。でもヴァレースコには何も断る必要はありません。印刷台本では、カットしてありませんから……。

（一七八一年一月一八日付　父宛ての書簡）

ミュンヘンで作曲が進行中の一一月二九日、ウィーンで異変が起きた。マリーア・テレージア女帝が亡くなったのである（享年六三歳）。

ザルツブルクの大司教は弔問のためにウィーンに出かけることになった。チャンス到来とばかりに、レーオポルトは娘のナナールを連れてミュンヘンに息子の新作オペラの初演を見に行くことに決めた。鬼の居ぬ間の洗濯であったが、さて、大司教がなかなか出かけない。ミュンヘンのほうでも初演が日延べになる。

おまえの姉は新しく黒いドレスを新調することにした。全部で七〇グルデンもかかるそうだ。彼女は「選帝侯様に払っていただこうかしら」と言っている。

（一七八一年一月八日付書簡）

冗談が出るほどに親子は久しぶりの旅行の計画に浮き浮きしている。

私たちは一月一八日木曜日にここを出て一九日の金曜日にそちらに着く予定だった。だがきょう現在何とも言えない。一五日の月曜には確かなことを知らせることができるかもしれない。大司教がいつウィーンに発つのかだれにもわからんのだ。まちがいなく大司教自身にもわかってないようだ。

（一七八一年一月一一日付書簡）

いらいらしながら大司教の出発を待っていたレーオポルトだが、初演の三日前の一月二六日、すべりこみでミュンヘンに着くことができた。翌日はモーツァルトの誕生日で、その翌々日に初演が行われた。

父と姉は初演のあともミュンヘンに一ヶ月以上も滞在して存分に命の洗濯をしている、三月の七日にはモーツァルトも一緒になって、親子三人で近くのアウクスブルクまで羽を伸ばした。ヴォルフガングには〝従妹《ベースレ》ちゃん〟との楽しい再会があって、前回と同じように悪ふざけのシーンも展開されたことと思われるのだが、残念ながら今回は資料が何も残っていない。

ウィーンに呼び出されたモーツァルト

マリーア・テレージアの逝去の弔問のためにウィーンに出かけたヒエロニムス大司教のお供の中には、ご自慢のお抱え音楽家のイタリア人二人（カストラートのチェッカレッリとヴァイオリン奏者のブルネッティ）が含まれていたが、モーツァルトはお供から除外されていた。ところが大司教は、ウィーンでは、会う人ごとにモーツァルトの消息を尋ねられた。

「おや、モーツァルト君はおらんのですか」「モーツァルト君はどうしました」

いまいましいことに、ザルツブルクの名は神童のころのモーツァルトと結びついているのだ。やむを得ず、大司教は訓電を発してミュンヘンにいるはずの小僧をウィーンに呼びつけた。その命令は、ミュンヘンから羽を伸ばしてアウクスブルクで遊んでいたモーツァルトのもとに届いた。

三月一六日、朝の九時にウィーンに着いたモーツァルトはシュテファン教会の傍のドイツ騎士団の建物（現存）に入った。先に来ていたイタリア人の二人の音楽家は独立の宿をもらっていたが、モーツァルトは召使や料理人並みにこの宿舎に入れられたのだった。

着いたその日の午後四時には早速大司教主催の宴会があり、モーツァルトはピアノを弾かされた。翌一七日には大司教の音楽家三人はガリツィン大公邸に招かれて演奏した……到着早々モーツァルトは矢継ぎ早に演奏会に駆り出され、大司教の顔を立てる役をしている。

四月三日にはウィーンの音楽家協会主催の〝大コンサート〟に出演している。これは貧しい楽士たちの未亡人や遺児の生活を助けるための基金を募集する目的の慈善演奏会だったので、大司教の命令によって出演したのではなくモーツァルトの人気が彼に特別出演をさせたものである。

四月八日には大司教の父のルードルフ・ヨーゼフ・コロレード大公の自邸でのコンサートにモーツァルトはあとの二人と連れ立って出演した。

コンサートはまだまだ続くが、かつての日、少年モーツァルトのオペラ上演阻止の運動に泣かされたという事実はあるものの、久々に戻ってみれば、ウィーンの貴族や上流の階層、特に貴婦人の中には、彼の神童時代のファンがまだ大勢残っていて、彼のコンサートを聴きたがったり、レッスンを受けたがったりしているのがわかってきた。モーツァルトはコンサートに走り回りながら、その空気に対して、確かな手応えを感じ始める――ウィーンにはぼくの客がいると。そして父宛てに書く（四月四日付）。

……先便でもお伝えしたように〝大司教〟は当地では私を妨害する存在です。彼は私が劇場で行ったコンサートの上がりを少なくとも一〇〇ドゥカーテンは自分で取ってしまっているからです。一方で上流のご婦人方は、喜んで私の券を売《う》り捌《さば》いてくれると仰《おつしや》っています。昨日は私はウィーンの聴衆に大変喜ばれたと確信を持って言えます。それはケルントナー劇場で行われた未亡人と遺児のためのコンサートでしたが、すべての曲を繰り返して演奏しなければなりませんでした。つまり拍手がどうしても鳴り止まなかったからです。こうした聴衆の支持の中で、私自身の主宰するコンサートを開けば、いくらの収入があるとお考えになりますか。しかし私どもの〝大バカ《エルツリンメル》〟様の大司教《エルツビシヨフ》はお許しにならないでしょう。あの人は私どもが儲けることを許しません——損することは許してくれます。しかし私の場合はあの人の思うようにはいきません。つまり私ならこのウィーンで弟子の二人もあればザルツブルクより良い暮らしができるからです。あの人の下さる食事や宿は要りません。ところでニュースです。ブルネッティがきょうの食事のときに教えてくれたのですが、大司教の代理でアルコ伯が彼に言うには「おまえらに馬車代を支給するからそれをもらって日曜日までに退去するよう」言われたのだそうです。ですが、残りたい者は残っても良い（なんて御恵み深い）、ただし生活費は自前なのだそうです。——大司教は支給してくれない。…（中略）…ご安心ください、私としては情勢を見究め、そうすることが私の利益になることが明らかでない限りウィーンに残留しません。しかし、それが私の利益になるのなら、それを利用しない手はないでしょう。

レーオポルト・モーツァルトがウィーンにいる息子に宛てた手紙はすべて何者かの手によって処分されてしまっているため、右のような手紙に対する父親としての反論の全容を直接知ることはできない。しかし「弟子の二人も取ればウィーンで暮らしていける」というような言葉から、父は早くも、息子が脱大司教、脱ザルツブルクの行動を起こしそうな様子を察知し、息子の引き留めにかかることになる。

これより一〇年以上も前のことになるが、少年モーツァルトはオペラを作曲・上演しようとして猛烈な反対運動に遭って立往生したものだった。しかし、考えてみれば、あのときモーツァルト叩きに回ったのは、彼と同業のプロの音楽家たちだった。今回ウィーンに来てみれば、貴族たちはむしろ六歳の神童時代のことをよく覚えていてくれて――プロの音楽家連中の反対の輪とは関係なく――モーツァルトの音楽会に詰めかけて大歓声を送ってくれるのだった。それを見たモーツァルトは〝脱ザルツブルク〟が夢ではなく現実のものに見えてくる――失業してもここならやっていけそうだ、と。

このあと、大司教から宿舎を追い出されたモーツァルトが転がりこんだ下宿は目と鼻の先の「神の目館《ツム・アウゲ・ゴッテス》」で、持ち主はチェチーリア・ウェーバー、マンハイム以来の因縁の家である。どうしてモーツァルトがこの一家の経営する下宿を見つけたのかは不明であるが、ドイツ騎士団の宿舎から近いところを見れば、路上で偶然にウェーバー家の人たちと出会ったような可能性もないわけではない。

ウェーバー家とモーツァルトの因縁は一七七七年の就職旅行（第一章参照）にさかのぼる。あのときアウクスブルクでは〝従妹《ベースレ》ちゃん〟との楽しい出会いがあったが、そのあとマンハイムでアロイジア・ウェーバーなる歌手の卵に出会い、これに惚《ほ》れこんでしまい、彼女を連れてイタリアに行くと言い出すが、父親に手紙で一喝され、彼女と別れて泣く泣くパリに旅立ったのであった。そのあと女はまもなく心変わりし、モーツァルトは振られることになる。

そのあとウェーバー家は主君のカール・テーオドール侯と共にマンハイムを去ってミュンヘンに転居、さらにアロイジアはウィーンの宮廷歌手に採用され、一家はウィーンに移る。父親は死ぬが、母親のチェチーリアはかなりのやり手で、下宿屋を開き、残った娘三人のために独身男が舞いこんでくるのを待つ。そのクモの網に引っかかることになるのがモーツァルトだった。

大司教に突きつけた〝最後通牒《つうちよう》〟

大司教が楽士三人にザルツブルクへ戻れと言い出したのは四月初めであった。ただし自費で生活するならしばらくウィーンに居残っても良いと言われたのをいいことにしてモーツァルトはウィーンにそのままずっと居坐り続け、上流の御婦人たちから天才ピアニストとしてちやほやされながら、楽しそうに暮らしている。それを見た大司教は癇癪《かんしやく》を破裂させ、汚い言葉のあらん限りをぶつけてののしる。モーツァルトの記録（一七八一年五月九日付　父宛ての書簡）したそれらの言葉を並べるとすれば、

Buben（徒弟、小僧　Buben nennen は〝ならず者とののしる〟）
Liederlichen Kerl（自堕落野郎）
Lumpen（ボロ屑《くず》・浮浪者）
Lausbub（シラミ小僧＝悪ガキ）
Fexen（バカ者）
er Fex（貴様、このバカ）
elenden Buben（貧乏たれ）

さすがは大司教である。しもじものスラングではなく、すべて辞書に出ている言葉でののしっている。しかしプライド高いモーツァルトには許せない暴言であり、売り言葉に買い言葉、「出て行け」と言われたモーツァルトは言い返す。

「これが最後です。明日、辞表をお届けいたします」

堪忍袋の緒が切れたのはあんたではない、私のほうです、とばかりにモーツァルトの側から

〝最後通牒〟を突きつけた。
大司教との間に入った侍従長のアルコ伯爵は静かに諄《じゅん》々《じゅん》と逸《はや》る若者を諭し、辞表の撤回を求めるが、大司教から逃亡するチャンスに手がかかっているモーツァルトの耳には入らない。アルコ伯とのやりとりを父に報告する（六月二日付）。

それに対して伯爵はこう言われました。「いいかね、君はウィーンに騙されて目がくらんでいるようだが、一人の人間に対する評価はこの土地では全く長続きしない。最初のうちは、確かに、盛大に賞《ほ》められるし金もそれなりに入ってくる。しかし、何時《いつ》までそれが続くと思われるかね。二、三ヶ月もすればウィーンの人間は別の新しいものが欲しくなるのだ」。私はお答えしました。「そのとおりです、伯爵様。でも、私がウィーンに定住するとお考えになるからでしょう。全く違います。私の行きたい場所は私にはわかっています。今回このウィーンで起きた事件は大司教のせいであり、私のせいではありません。あの方が才能のある者を遇する道を知っていたらこんなことは起きなかったのです……」

予想される父の怒りを緩和するために手紙の続きではこんなことも言う。

どうぞ心配なさらないでください。物事は私のために良い方向に向いています。それはつまりパパにとっても良い方向です。ウィーンの人が物事に倦《あ》き易いというのは全くそのとおりです。しかしそれは劇場の世界のことです。ウィーンはまちがいなくピアノの都です。かりにこの人たちが私に倦きるとしても二、三年はかかります。その間に私は十分な名誉も金も手にすることができます。……

自信に溢れている若者は強気の姿勢を崩さなかった。

ウィーンで訪れた最初のチャンス

辞表は撤回もされなかったが、正式には受理もされなかった。代わりに、業を煮やし堪忍袋の緒の切れたアルコ伯爵に、モーツァルトはドイツ騎士団の館から背中を蹴られて外に放り出された（と本人は言う）。放り出されたモーツァルトはとりあえずウィーンで暮らすことになる。レーオポルトは息子のウィーンでの栄達を夢見て、これまで何度もウィーンにすり寄ってきたのだが、その度にウィーンから袖にされてきた。

切れたはずのウィーンとモーツァルトの縁がこんなふうにして復活してしまい、ずるずると彼はウィーンに居つくことになる。辞表が受理されず、退職許可の辞令も出なかったので、彼はフリーになったとはいうものの、身分からいえば一種の脱走兵であり、脱国者、難民の類いであったから、いつ役人たちに逮捕されるか、しばらくは心配だった。

独立したと言えば聞こえは良いが、失業楽士で無収入である。だが、案ずるよりは生むが易く、本人が予想していたように、貴婦人たちにピアノを教えることで食いつなぐことができた。その年いっぱいを準備に費したモーツァルトは続いて自ら主宰する〝予約演奏会〟に乗り出す。毎回新作の曲を披露するコンサートを一年に三回、年会費六グルデンで会員を募り、貴族の間に奉賀帖《ほうがちょう》を回すと、予想をはるかに上回る会員が集まって生活は安泰になった。

生活が安定してみると、数年前の悪夢の想い出《おもいで》はあるにしても、やはりオペラが書いてみたかった。ピアニストとしてもてはやされていても、所詮彼は芸人の域を出ることはできない。だがオペラを書いて認められれば、世間は〝宮廷楽長〟並みの尊敬を払ってくれる。

最初のチャンスはゴットリープ・シュテファニーという男が持ってきてくれた。以前ウィーンで少年の日のモーツァルトがオペラを作曲するといってごたごたしたころ、このシュテファニーはメスマー家に出入りしていた文学青年だったので、それと同じころメスマー家に可愛がられていた一二歳のモーツァルトと知り合った。あれから一三年もの歳月が経ち、シュテファニーはヨーゼフ二世の新設したドイツ語オペラ団の舞台監督になって、台本なども手がけるほどに出世していた。

ウィーンの皇帝ヨーゼフ二世はいわゆる啓蒙君主として、よろず改革を提唱し、実践していたが、その一環として、イタリア・オペラばかりでなく国産奨励という趣旨から、ドイツ語のオペラを推進するといってドイツ語オペラの一座を作り、廷臣たちの顰蹙《ひんしゅく》を買った。もともとドイツにはオペラは存在せず、コミックな村芝居のところどころに歌の入る〝歌芝居《ジングシュピール》〟のようなものしかなかった。E・J・デントは『モーツァルトのオペラ』という著作の中でこんなふうに言っている。

（ドイツ語の〝ジングシュピール〟の）観客といえば、身近で俗なメロディや、ありふれたギャグ、ばかげたしぐさ、派手な視覚的効果、たくさんの動物の登場、などを面白がるような連中に過ぎなかった。

それはイタリア生まれの〝オペラ〟の芸術性や音楽性にはほど遠いものであったから、廷臣たちが、そんな程度の低いものを宮廷劇場でやるのはいかがなものかと言ってソッポを向いたとしてもやむを得ないものがあった。それかあらぬか、ヨーゼフ二世の宮廷ドイツ語オペラ団は早晩潰れることになる。

今回そのドイツ・オペラ一座のシュテファニー監督のくれた台本は《後宮よりの逃走》Die Entführung aus dem Serail という。劇の筋はこの時期に流行って、たくさんの類似品を生んだ〝トルコもの〟である。モーツァルトはこの陳腐な台本にとてつもなく高級な音楽をつけた。ヒロインの歌う「あらゆる種類の拷問が」などは歌唱技術の難度といい、感動の深さといい、イタリア・オペラの名曲に匹敵するものがある。

《後宮よりの逃走》はザルツブルクよりの逃走後一年ほど経った一七八二年の七月一六日に初演された。モーツァルトは油断をしていたが、初演の夜に意外なことが起きた。明らかにそれとわかる組織された一団が、野次を飛ばし、ブーイングを入れ、ガヤガヤと騒いで舞台を潰しにかかったのである。

モーツァルトは驚くと同時に啞然《あぜん》とした。あれは一四年も前のことだった。当時一二歳の少年モーツァルトの書いたオペラ《ラ・フィンタ・センプリチェ》の上演を妨害しようと、有象無象の音楽家たちが陰謀をめぐらし、オペラ歌手やオーケストラの奏者を抱きこんでボイコットに回ったのであった（第四章参照）。その悪夢が再現してきたのである。今回、二回目の公演のあと、モーツァルトが父に書いた手紙（七月二〇日付）によれば、

ぼくのオペラが受けたことについてご報告した前便[*1]、無事に届いたことと思います。信じ

られるかどうかわかりませんが、昨日も初演を上回るような一段とひどい集団妨害が行われました。第一幕を通してブーイングは止みませんでした。とはいえ、アリアにおいては〝ブラーヴォ〟という大きな掛け声にはかないませんでした。

あれから一四年、当時反対に回った連中はだれも残っていないにも拘らず、反モーツァルトの運動が組織されて派手に騒いでいる。残党……いや残党はだれもいない。とすれば、これは亡霊なのか、モーツァルトを潰さねばならぬという執念が化けて出てきたものなのか。

しかしモーツァルトはもはや往年の栄光の神童ではない。ハプスブルク家にも見放された一介の失業楽士である。それにしも脅威を感じるというのか……。

《後宮よりの逃走》はモーツァルト生前の最大のヒット作となった。ウィーンだけでも一七八二年はこのあと一〇回、八三年は三回、八四年に三回、八五年に三回、八六年は一一回、八七年に九回、そして八八年に一回と計四〇公演を超えたほか、ウィーン以外のドイツ各地でも繰り返し上演された。

〝宮廷詩人〟ロレンツォ・ダ・ポンテ

しかし〝歌芝居《ジングシュピール》〟はいくら書いても、イタリア・オペラ並みに評価してはもらえない。モーツァルトの欲求不満の状態は続く。そんな中で彼は新しく〝宮廷詩人〟つまりオペラの台本書きとして宮廷に傭われたロレンツォ・ダ・ポンテなるイタリア人の台本作家に紹介される。その経緯をモーツァルトは父親に宛てた手紙にこう書く。

……ところで、当地のイタリア・オペラ・ブッファの上演が再開されましたが大変な人気です。特に男性の主役歌手《ブッフォ》が優れています。名前はベヌッチと言います。ぼくはこれまでに少なくとも一〇〇冊の台本は目を通しましたが、満足するようなものは一つもありませんでした。となると、作曲するにはあちこち数多くの訂正を施さないとその種の台本は使えないことになりますが、台本作家がかりにその仕事を引き受けてくれたとしても、やはり全く新しく書いたほうが早いということになりましょう。実際それが最善なんです。

当地の宮廷詩人は今はダ・ポンテ神父とかいう人です。彼は劇場の台本の修正の仕事を山のように抱えている上に、職務としてサリエーリのために全く新しい台本を書きおろしているところで、それには二ヶ月かかるということです。それが終わったら、ぼくのために何か新しいものを一本書いてくれると約束してくれました。彼がその約束を守ることができるか――少なくとも守ろうとするか――は全く当てになりません。パパもご存知のように、この種のイタリアの紳士方というのは、人の前では調子のいいことを言うのです。結構です。ぼくらはよく知ってます。もしこの彼がサリエーリの一味だとしたら、ぼくのための台本はいくら待っても来ないでしょう。しかし、本当に、ぼくはイタリア・オペラを書いてぼくの腕前のほどを見せてやりたいと思っています。……

この手紙の日付は一七八三年五月七日で《後宮》より一年あとのことである。モーツァルトのウィーン生活は三年目に入る。

この手紙には聴き捨てならないセリフがあったのにお気づきであろうか。

「もしこの彼がサリエーリの一味だとしたら」

ウィーンに到着して三年目のモーツァルトに対して、サリエーリは早くも〝敵〟という役回りになっており、一年前の《後宮への逃走》の妨害の首魁《しゆかい》がサリエーリであったかどうかは確かではないが、モーツァルトの耳には、宮廷作曲家サリエーリは少なくとも反モーツァルトの一派に属していることが情報として届いている。

〝ダ・ポンテ師〟は、しかし、本気でモーツァルトの才能を評価していた。彼の書いた『回想録』によると、モーツァルトとの出会いはこうなっている。

まもなく、何人かの作曲家が台本を求めて私のところに来た。だがウィーンには一目おける作曲家は二人しかいなかった。一人はマルティン・イ・ソレールで、当時ヨーゼフ二世が最も目をかけていた作曲家だ。もう一人はヴォルフガング・モーツァルトで、この時期にヴェッツラー男爵の家で初めて会った。男爵はモーツァルトを尊敬しており、友人であった。モーツァルトは古今を通じてこの世の作曲家のだれよりも優れた才能の持ち主であったが、彼のライヴァルたちの陰謀のお蔭で、ウィーンではその神がかった天分を発揮できずに、知られることもなくひっそりと暮らしていた。高価な宝石のまばゆい輝きも地中に埋もれ隠れては、見えないようなものだった。

ダ・ポンテは「モーツァルトが……彼のライヴァルたちの陰謀のお蔭で……、ウィーンでは……、ひっそりと暮らしていた」と言っている。単にサリエーリが〝敵〟であるばかりでなく、反モーツァルトの陰謀が現に存在し、それに与する複数のライヴァルたちがいることまで知っている様子なのである。

《顔はこわいが優しい人》＝burbero di buon cuore（ダ・ポンテ台本、マルティン・イ・ソレール作曲）の成功を見届けると私はモーツァルトのところへ行って、カスティ（ウィーン在住の作家）やローゼンバーク（宮廷劇場監督）と私とのこれまでの関係や、皇帝とのつながりについて話して聞かせ、私の書くドラマに音楽をつける気があるかと尋ねた。すると彼は即座に答えた。

「もちろん、喜んで。しかし、今のぼくには許可が下りないだろう」

「そこは、おれの仕事だ」と私は応じた。

モーツァルトについて言えば、彼の天才の視界の広さからして、スケールの大きな題材、高貴で多様性のあるものが合っているということはすぐに理解できた。


このあと、ダ・ポンテの脚色になる《フィガロの結婚》にモーツァルトは作曲することになるが、ボーマルシェによる原作は脚本の段階でルイ一六世がパリでの上演禁止の処分をしたため、すったもんだで二年もかかってようやく初演に漕《こ》ぎ着けたという〝危険な〟代物であり、ウィーンでは皇帝ヨーゼフ二世の命令でいち早く上演禁止になっているという曰《いわ》くつきの芝居である。その芝居に、宮廷作曲家でもない、オペラ作曲の実績も多くない、宮廷内に反対派の多い、無冠の帝王モーツァルトが音楽をつける。不穏な空気をはらんだこのオペラの上演の実現をダ・ポンテが「おれに委せておけ」とばかりに請け負った。彼が皇帝を実際に説得した様子もまたその『回想録』の中に誇らしげに書かれている。

ダ・ポンテの自慢話に誇張はあるとしても、尋常ならば上演が許されるはずのない《フィガロの結婚》を初演に持ちこんだのは彼の弁舌の賜《たまもの》といってまちがいない。いずれにしても、こんな危険な、反体制の空気をはらんだ演目を上演しようというモーツァルトとダ・ポンテは封建時代に生きる人間とは思えない。

モーツァルトが、ドラマに関しても非凡のセンスと、優れた劇評家以上の鑑識力を備えていたことは、彼が父親に宛てた手紙のあちこちに認められるが、《フィガロ》に至るまでに「もう一〇〇冊もの台本を読んだがロクな台本はない」と切って捨てているのもその表れといえる。

曰くつきの思想劇をオペラ化

この時代のオペラ・ブッファというのは、幕間劇《インテルメッツォ》から成長して一人前になったばかりで、その台本の多くはイタリアの伝統のコンメディア・デッラルテの台本の焼き直しが多かった。コンメディア・デッラルテの役柄は、パンタローネ（金持ちの好色な老人・主人）、アルレッキーノ（知恵のまわる召使）、コロンビーナ（色気のあるメイド）などいろいろ人形的なパターンの役柄でできていたが、ブッファの台本はそれを踏襲して、類型的で他愛のないものが多く、劇評家モーツァルトから見れば低次元のものであった。

それに比べれば《フィガロの結婚》に登場する人物は単なるパターン化した人形たちではなく、それぞれに生身の血の通った人間たちになっており、その意味でこの原作は当時の通常の水準をはるかに超えた文学作品であった。従ってこれに目をつけ、オペラ化をダ・ポンテに持ちかけたのがモーツァルトだとすれば、文学的才能は高く評価されねばならないが、ダ・ポンテも尋常の人間ではなかったから、すぐにモーツァルトの文才を見抜くと同時に、赤い血の騒ぐ人間の一人として、モーツァルトの選択に驚き、また、感動し、これを実現させてやろうと決意したばかりでなく、皇帝を丸めこむ役まで引き受け、成功させた腕前はみごとだった。一七八六年、お蔭で人類の永遠の遺産であるこのオペラが誕生したのである。

ダ・ポンテの『回想録』は次のように語っている。

（モーツァルトの曲が）でき上がるころを見て、私はこの業界の人間には一言も話さずに、《フィガロ》を皇帝のもとに提案すべく出向いた。（傍点筆者）

「何だって」と皇帝は言われた。「君は知らんのかね。モーツァルトは器楽では天才だが、オペラはまだ一作しか書いておらんし、それも大したものではない」

「さようでございます、陛下」。私は静かにお答えした。「私としては陛下のお気に召さないような、いかなるドラマもこのウィーンでは書きません」

「それはわかった」。と陛下は答えられた。「しかしこの《フィガロの結婚》は、朕《ちん》がドイツ劇団に対して上演してはならんと禁止命令を出したばかりだ」

「さようでございます。しかし私の書きますものはオペラでありまして、芝居ではございません。私はいくつもの場面を取り除き、また大量にカットを施しまして、いやしくも皇帝陛下のお見えになる劇場において、公序良俗を害し、上品な節度を失うようなおそれのある要素は取り除きました。音楽は私の判断が許されますならばまことにこの上なく美しく思われます」

「よろしい。それなら、音楽に対する君の評価を信頼し、ドラマについては君の道徳的判断と叡知《えいち》を信じるとしよう。すぐに写譜に取りかかりたまえ」

私はまっすぐモーツァルトのもとへ向かった。だが、この報せを全部伝え終わらないうちに皇帝の使いの小姓が到着して、皇帝の命令を伝えた。直ちに総譜を携えて王宮に出頭するようにということだった。モーツァルトはこの命令に従い、皇帝の前でいくつもの場面を選んで演奏したが、皇帝は大いに喜ばれた──というより、驚喜された。ヨーゼフ二世は音楽については極めて優れた判断力を持っており、その点はほかの芸術についても同じだった。このオペラはやがて世界中で愛されるようになり、皇帝の判断の正しかったことを裏書きするようになった。

しかし、一八年も前のモーツァルトの亡霊が甦って、オペラを上演する、それも曰くつきの危険な思想劇とされる《フィガロの結婚》だという。この話が流れるとウィーンに潜在する反モーツァルト勢力のカンに障るのは当然だった。初期の伝記作者ニーメチェクによると「イタリア人の歌手たちがこの初演を失敗させるために故意にミスしたりトチったりしようと申し合わせているという噂が広まっていた」のだそうである。また、ずっとのちの記事であるが、ベルリンの「音楽時報」誌には、上演されるというニュースが伝わったとき「モーツァルトの敵たちは皆、不快に思った。その中にはカスティやローゼンバーク伯爵の名もあった」とある。

そのころレーオポルト・モーツァルトが嫁ぎ先の娘のナナールに宛てて書いた手紙にも、そうした連中による妨害の噂が噂として書かれている。

《フィガロの結婚》は四月二八日に初演される予定だ。もし成功したら驚くべきことだ。というのも極めて強力な陰謀がおまえの弟に対して組まれていることを私は知っているからだ。サリエーリとその取り巻きたちが、何と、再びあの子のオペラを失敗させようとしているのだ。ドゥーシェク夫人が最近話してくれたことだが、あの子の異例な才能や能力が獲得した巨大な名声のゆえに連中は彼の背後で策謀するのだそうだ。

読者は思い出されるであろうが、一八年前の一七六八年に、一二歳だったモーツァルトにオペラの作曲上演をさせようとレーオポルトが走り回り、それが不発に終わったとき、彼は声を大にして「陰謀だ」と叫んだものである。

それから一八年の歳月が経ち、モーツァルトはもはや三〇歳となり、今さら神童でもないのだが、まるで一八年前と同じように、モーツァルトのオペラを潰してやろうという連中がいて徒党を組んでいるという噂が流れている。その当時の歌手とは全部の顔ぶれが入れ替っているのに陰謀の噂は生きている。そしてその陰謀の輪の頂点に立っているのが、今回は宮廷作曲家サリエーリだというのだ。サリエーリはあのころはウィーンにいなかった人間である。

陰謀を骨抜きにした《フィガロの結婚》

怪しげな雲行きの下でオペラ《フィガロの結婚》は一七八六年五月一日に初日の幕を開けた。いくつかの伝記本が、宮廷楽長サリエーリのもとに集まった連中が一曲ごとにブーイングをして初演は難航したと書いているにも拘らずその事実はなかったようである。

妨害が存在したことを証明する確かな史料は何も残っていない。客観的叙述でドイツ人の愛国音楽史を塗り変えたエドワード・J・デントの名著『モーツァルトのオペラ』の中の「フィガロの結婚」の項では、反モーツァルトの陰謀の話は「うかつには信じることはできない」ものだと言っている。これに対して、陰謀が行われなかったことの証言としてよく引用されるのはマイケル・ケリーの『回想録』Reminiscencesである。ケリーはアイルランド人であるが、イタリア（ナーポリ）で修業して名を挙げたテノールで、一七八三年にスカウトされてウィーンに来てイタリア・オペラの一座に加入した。《フィガロ》の初演のときは四年目であったが、音楽教師ドン・バジーリオと、判事のドン・クルツィオの二役を務めている。彼が同書の中に書き記した《フィガロ》の初演の直前のドレス・リハーサルの様子は次のようになっている。

　最初のドレス・リハーサルのことを思い出せば、モーツァルトは真赤な上衣を着て金のレースの縁の着いた帽子のヘリを立てて、舞台の上からオーケストラにテンポを指示していた。フィガロの歌う「もう飛ぶまいぞ、この蝶々《ちようちよう》」では歌手のベヌッチが声を張り上げて、カ一杯に歌った。

　私はモーツァルトの横に立っていたが、モーツァルトは小声で「ブラーヴォ！　ブラーヴォ！　ベヌッチ」と繰り返していた。そのうちベヌッチが「ケルビーノ、勝利に進め《アラ・ヴィットーリア》、軍の栄光に進め《アラ・グローリア・ミリタール》」を肺も破れそうな大声で歌うと、電撃のような効果が上がり、舞台の上にいた全出演者たちも平土間のオーケストラの連中も喜びの声を揃えて「ブラーヴォ、ブラーヴォ」と連呼した。オーケストラの連中はいつ喝采を止めるのかと思うほどにヴァイオリンの弓で譜面台を叩き続けていた。チビの先生（モーツァルトのこと）は、彼に贈られる熱狂的な拍手のすばらしさに、何度も頭を下げて応えていた。

（マイケル・ケリー『回想録』）

こうした記述からすれば、ベヌッチの様子は、デントの言うように「とてもこのオペラを失敗させようという側の人間にできることではないように思える」のである。

記録によれば、妨害があるという前評判とは裏腹に、初演の観客はこのオペラに熱狂し、曲ごとにアンコールを要求したばかりでなく、何回も繰り返して歌わせられるようなことも起きて、通常の上演時間の二倍もの時間がかかったとされる。そのため劇場監督のローゼンバーク伯爵は「歌手の健康に配慮して」《フィガロ》のアンコールを禁止する布告を出すようにヨーゼフ二世に頼んだ。この布告は実際に出されたが、効き目はなく、以後の公演においても、相変わらずアンコールは続いたようであった。

ダ・ポンテの伝記を出版したシーラ・ホッジスは、そこでこう書いている。

モーツァルトとダ・ポンテは、このオペラ（《フィガロの結婚》）を成功させまいとする一派——サリエーリ、カスティ、その他この作者、作曲者を好かない、宮廷を遊泳している雑魚《ざこ》たち——の強力な陰謀に直面しなければならなかった。

（『ロレンツォ・ダ・ポンテ』）

また、《フィガロ》の台本作者で当事者のダ・ポンテはそのころのことを『回想録』の中でこんなふうに語っている。

このオペラは一七八六年の五月一日に初演された。音楽家の先生たちとその一味の者、あるいは伯爵（ローゼンバーク）やカスティと一〇〇人にも及ぶ悪魔どもの〝多分……〟〝まあ見てろ……〟の期待にも拘らず、一般聴衆はこれを歓迎し、皇帝や音楽に造詣の深い人たちは、抜群の、ほとんど神がかった作品と認めていた。

つまり、陰謀は存在したが、実行はされなかった、あるいは成功しなかったというのが正しいのであろうか。
《フィガロの結婚》が平穏に公演されたとすれば、一八年前にモーツァルト少年を痛めつけたウィーンは、その敵意を引っこめ、両者の間に和解は成立したということになろうか。
その後、《ドン・ジョヴァンニ》と《コジ・ファン・トゥッテ》と二作のイタリア・オペラ（いずれもダ・ポンテ台本）をウィーンで発表するが、幸せなことにこれらに対しては公演妨害の噂も実行も記録されていない。

最後のオペラ《魔笛》

《フィガロ》のあと、モーツァルトの寿命は五年しかなかった。

最後の年がやってくる。この年は早々から《魔笛》というドイツ語の〝歌芝居《ジングシュピール》〟に関わることになった。依頼人はエマヌエル・シカネーダという場末の小屋の一座の座長である。彼は長い間旅回りの一座を率いており、その巡業のついでにザルツブルクにやってきてしばらく滞在し、モーツァルトと知り合いになったという程度の仲である。以前からシカネーダは彼に作曲を頼んでいたが、モーツァルトのほうは空返事をしていた。その彼がウィーンの城壁の外、南のヴィーデン通りにできた新開発地域の〝免税館〟という大きな建物の中にある劇場の経営を引き受け、旅回りを止めてここの座主となって興行を始めた。そしてある日、モーツァルトに、自分の一座のためにオペラを作曲してくれと頼んだのである。

エドワード・J・デントは言う。

モーツァルトは引き受けた。どんな気持ちで引き受けたのかは測りかねるものがある。ウィーンを初めとして多くの宮廷に作曲家として、またピアニストとして出入りしているような音楽家が、こんな相手と手を組んで、掘立小屋のような劇場で、大衆相手にお伽話《とぎばなし》に毛の生えたようなオペラを作曲しても、なんの名誉をもたらすものでもなかった。

（E・J・デント『モーツァルトのオペラ』）

その一座に頼まれた〝歌芝居《ジングシュピール》〟のタイトルは《魔笛》Zauberflöteといった。台本はお粗末な大衆小屋の水準のものだったが、モーツァルトは限りなく高貴な音楽をつけた。その音楽の力によって、人々はしばしば台本のお粗末さを忘れる。ゲーテも《魔笛》に魅了された一人で、感動した彼は自分のワイマールの劇場でこのオペラを繰り返し上演すると共に、あろうことか《魔笛》第二部なる台本を書き始める。彼を感動させたのはモーツァルトの音楽の力以外のなにものでもなかったはずだが、書き始める時点でそのことに気がつかなかったのだろうか。《魔笛》の台本はとても続篇などに値するものではなく、途中で気がついたゲーテは筆を折るが、彼にその錯覚を起こさせたモーツァルトの音楽の力は凄まじい。

初演は九月三〇日だった。日を追うごとに評判が高まり、ロングランになる兆候が見えてきた。そんなある日、モーツァルトは、宮廷楽長であり本来このような場末に姿を見せるような人ではないサリエーリをその愛人の歌姫カヴァリエーリと一緒に《魔笛》に招待した。彼自身が療養先の妻にそのことを報告している。

……午前六時にサリエーリとマダム・カヴァリエーリを馬車に乗せ――（劇場の）ぼくのボックスにご案内した。……二人がどれほど丁寧で愛想が良かったか――ぼくの音楽だけでなく、台本も何もかも気に入ってしまったことなど想像もできないだろうね。二人が言うには、これは（オペラ以上の）オペローネだ、祝祭行事などに、貴賓の前で上演するに値するもので、二人ともこれからたびたび観《み》に来たい、これほど美しく楽しい演目《だしもの》は見たことがないと言ってくれた。サリエーリは最初の序曲から最後のコーラスまでずっと注意深く聴き、注視していたが、どの曲も彼がブラーヴォとかベッロ《いいな》とか言わないのはなかった……。

（一七九一年一〇月一四日付　妻宛ての書簡）

終わると、上機嫌の二人をモーツァルトは馬車で家まで送って行ったのであった。

はてさて、これはどうしたことであろう。巷間《こうかん》に流布されている、モーツァルト―サリエーリ不仲説を裏切るようなことをモーツァルトは実行し、それを手紙に書いているのである。

五年前の《フィガロ》のときは、モーツァルト自身がサリエーリを自分の〝敵〟の側の人として認めているし、その噂はザルツブルクの父レーオポルトの耳にも確かに入っていた。また《フィガロ》を妨害しようという動きは、たとえ不発に終わったとしても、火の無いところに煙は立たずの道理で、何かの動きがあったのも事実で、その反対派の中心にサリエーリがいたことも、ある程度まで、事実であろう。

その《フィガロ》から五年、この間に両者の間に何かがあったとすれば、一つはモーツァルトが待望の宮廷作曲家になれたことであり、もう一つは宮廷作曲家で劇場指揮者だったサリエーリが、亡くなったボンノの後を受けて〝宮廷楽長〟に昇進したことである。この地位は終身職であり、サリエーリが生きている限り、この地位を奪う者は現れない、つまりモーツァルトが彼を脅かすライヴァルとなることはなくなったのである。

《魔笛》の劇場でサリエーリが見せたにこやかな態度は勝者の微笑《ほほえ》みであったのか、単なる社交辞令だったのか、それとも、率直な本音であったのか。その答えは意外ではあるが〝本音〟だったかもしれない。およそ音楽に携わる者で《魔笛》の音楽の美しさに脱帽しない者はあり得ないが、サリエーリとて例外ではなかったのではあるまいか。

だがモーツァルトがサリエーリを招待した本音はどこにあったのか。

何かの下心らしいものは見当たらない。彼が今サリエーリを抱きこみにいく必然性は何もない。それでは、例によって天真爛漫《てんしんらんまん》ぶりを発揮して、周囲が彼の〝天敵〟と呼ぶサリエーリに〝ぼくのオペラ〟を見せようとしたのだろうか。

実は夏前にこんなことがあった。プラハの国立劇場支配人のグァルダゾーニがウィーンの宮廷楽長のサリエーリのもとに駆けこんできて、九月にプラハで行われる新皇帝レーオポルト二世の戴冠式のためにオペラを書いてくれと頼みこんだ。たまたまサリエーリはハンガリーのエステルハージ家の委嘱の仕事などで忙しかったので、この申し入れを断った。サリエーリに断られたグァルダゾーニが泣きこんだ先がモーツァルトで、彼はこれを引き受け、慌ただしくこれを書き上げ、結果として九〇〇グルデンという、彼の年俸以上の謝礼を手にすることができた。妻の療養費などで借金に追われていたモーツァルトはこれを多とした。

この件がモーツァルトがサリエーリを《魔笛》に案内するという件に関係があっただろうか。鍵は、オペラの受注はサリエーリが断ったために自分に回ってきた仕事であることをモーツァルトが知っていたかどうかであるが、資料は何も語ってくれない。

あの世からの使者

そうこうするうちに、《魔笛》初演後のモーツァルトの健康状態は急速に落ちこんでいった。有名なレクイエム伝説によると、その夏、灰色の服を着た男が現れ、名前を秘してモーツァルトにレクイエムの作曲を依頼し、即金で一〇〇ドゥカーテン（四五〇グルデン）という大金を払って帰って行った。モーツァルトはこの姓名不詳の灰色の男はあの世からの使者で、自分は死ぬのであり、自分のために鎮魂の曲（レクイエム）を書くのだと思いこんだ。

のちにモーツァルトの伝記作者となるニッセンにコンスタンツェ未亡人が語ったところによれば、「よく晴れた秋の日に」コンスタンツェはモーツァルトを連れ出してプラーター公園に行った。二人で坐っていると、モーツァルトはしきりに自分の死の近いことを口にし、こう言ったという。

「ぼくはもうあまり長く生きられない感じがしている。まちがいなく、ぼくは毒を盛られたのだ」

毒を盛られた……。

だれに……?

それからまもなく、モーツァルトは予感どおりにこの世を去った。一七九一年、一二月五日の未明であった。

毒を盛られた……それは単にモーツァルトの被害妄想であったのか。それとも彼には思い当たる何かがあったのか。今となっては知る由もない。いずれにしても、妄想というにはその時期のモーツァルトは頭脳も意識もはっきりしていた――八月から九月にかけてオペラ《ティトゥスの慈悲》を書き上げ、そのあと不朽の名作《魔笛》の仕上げをし、これまた不朽の名作クラリネット協奏曲を書き上げ、遺筆となった《レクイエム》の冒頭の部分を書いている――にも拘らず、体の不調の一因として、だれかに毒を盛られたかと洩《も》らしているのである。

モーツァルトはこの時期に宮廷楽長サリエーリを自分のオペラ《魔笛》に招待し、和解が成立しているように手紙に書いているが、果たしてそうだったか。

何よりも恐ろしいのは宮廷の劇場監督のローゼンバーク伯爵がモーツァルトを忌み嫌っていることである。

ウィーンは決してモーツァルトにとって安住の地ではなかった。

註

＊1　この手紙は現在では失われている。

第九章　モーツァルトの死

〝モーツァルトの毒殺者〟

モーツァルトが死ぬと、まもなく、ウィーンの街には「モーツァルトは毒殺された」のだという噂が立ちのぼり、駆けめぐることになる。そしてその毒殺の下手人と目されたのは宮廷楽長アントーニオ・サリエーリであった。

今回サリエーリがまた新たに〝モーツァルトの毒殺者〟という光栄な役割を振り当てられることになったのは、もちろん、一〇年前にモーツァルトがウィーンに現れて《後宮よりの逃走》など、面白いオペラを書き始めたころからの巷《ちまた》の噂の再現であり、サリエーリにとっては二度目の〝悪役〟の出番となった。早い時期からモーツァルト自身も、サリエーリが自分の妨害に回っているという噂を耳にしており、その噂はプラハのドゥーシェク夫人や、ザルツブルクにいる父のレーオポルトも知っていた、などの事実はすでに見たとおりである。

しかし、若いときならいざ知らず、サリエーリはすでに宮廷楽長に昇進しており、この地位は終身職であったから、彼の身は安泰であり、今さらモーツァルトにやきもちを焼いたり、つけ狙ったりする必要はなかった。むしろ、モーツァルトのほうがサリエーリを暗殺でもしない限り、出世の道は閉ざされていた。

だが、モーツァルトが何者かによって毒殺されたという噂は、あながち根も葉もないことではない。前章に見たように、本人自ら「おれは毒を盛られた」と口にしていたからである。そしてコンスタンツェ未亡人やその妹のゾフィーあたりが、故人の最期の様子を尋ねられれば、その病状を語ると共に故人自身が毒を盛られたという被害意識を持っていたことを話したであろうから、結果として彼女らは毒殺説を広める使徒の役割を果たした。そのせいもあって、モーツァルトの死因については、死後二〇〇年にわたって、医学の専門家の著作を含めてそれこそ何百という本が書かれてきた。もちろん、そこには病死説と毒殺説とが入り乱れている。ふつうは「死人に口なし」で済まされるところも、モーツァルトの場合は本人自身の口で毒を盛られたと言っているので好奇心がよけいに働くことになる。

その一方でウィーンという都は当時から一九世紀にかけて、陰謀の飛び交う街として有名であった。だれそれが何を画策しているという話は日常茶飯事の話題であり、何もサリエーリ一人が悪人だったとは言えないのだが、それにしてもサリエーリが、自分の気に食わない人物を排除しようとする傾向のあったことを証明する話は一つならず存在していて、《フィガロ》の台本作者のダ・ポンテが宮廷詩人の職を追われたのもかつての恩人サリエーリに後ろから斬られたものだと言う。ダ・ポンテはサリエーリに就職を世話してもらった間柄であり、たとえサリエーリの音楽や性行に批判的であったとしても、恩義を感じていたことは確かで、サリエーリに対する害意は持っていなかった。

サリエーリは宮廷の中でもかなり影響力のある人物であり、皇帝のみならずローゼンバーク伯爵[*1]にも好かれていた。ウィーンの音楽関係者の間では隅々までその影響が及んでいた。マイケル・ケリーによれば、「彼は小男で、表情豊かな顔をしており、目には才気が漲《みなぎ》っていた。……冗談がうまく、楽しい相手なのでウィーンでは皆から一目おかれていた」という。その一方で、彼は賢く、ウィットに富み、頭の働きの素早い天性の策謀家intriguerであった。ライヴァルと目される者に対しては嫉妬し、悪意を抱き、その相手との戦いにおいては、極めて隠微で巧妙な手段を用い、相手がどのように傷つこうが委細構わぬところがあった。

（シーラ・ホッジス『ロレンツォ・ダ・ポンテ』）

火のない所に煙は立たない。ホッジスはこうも言う。

サリエーリが毒を盛ったのだと言う噂が広まったのは事実で、サリエーリがその種の噂を立てられるような性行の持ち主であったことも事実であった。

サリエーリは皇帝ヨーゼフ二世には比較的信用され、前楽長ボンノが死ぬとライヴァルたちを出し抜いて宮廷楽長に昇進させてもらったほどだったが、ヨーゼフ二世の弟のレーオポルト二世が後を継ぐと、宮廷詩人ダ・ポンテと新皇帝との間は微妙になってきた。モーツァルトは残留したが、ダ・ポンテは解職され、追放され、一時イタリアのトリエステに行って暮らすようになった。

ダ・ポンテの『回想録』

ある日、そのトリエステにウィーンのレーオポルト二世が現れた。解職の理由に納得のいかなかったダ・ポンテは思い切って皇帝に謁見を願い出た。ダメでもともとと思っていたが、思いがけず許可になり、皇帝の居室に通された。

皇帝はドアに背を向けて窓から外を眺めていた。……彼はこちらを振り向くと、すでに用意していたように口を切った……。

「人々はダ・ポンテ氏がウィーンにいる間に、なぜレーオポルト皇帝を訪問しようとしなかったのかを不審に思っているが」

「それは陛下が私に会うことを拒んでおられたからです」

「朕はあなたがいつでも会いに来ることができると伝言をしたが」

「私に告げられたのは、皇帝は忙しくて会う暇がないということでした」

「それは個人的な接見のことであろう」

「無実の私はそのようなことを希望いたしました」

「あなたが無実だと思われるなら、何かそれを私に伝える手段はなかったものか。あなたは私の居場所を知っていたはずだ」

「……陛下のご不興を蒙《こうむ》ったとされる者に対しては、ご家臣たちは、その者を陛下に近づけないようにすることが良策と信じていることを、陛下はご存知であられましょう。私はその一例であります」

「何が起きた……」

「一月の二四日のことでした。私は狂気のようにウィーンの街を走っておりました。心は陛下の前に跪《ひざまず》いてお願いするつもりでした……王宮の階段にはオペラの副監督のヨハン・トルヴァルトがおりました」

「トルヴァルトか。しかし彼はあなたが朕には会いたくないと思っていると告げにきた者の一人だ。……あれがあなたを止めたのか」

「あの方はこう言われました。〝陛下があんたに会わないのは確かだ。あんたは冷たくあしらわれるだけだ。だが、新監督があんたに良いようにしてくれる。なぜなら新監督はあんたのことを知っていて、あんたを敬愛しているから〟と」

「結構だな。その新監督があなたのことを解雇してくれと頼みに来たぞ。あなたとは平和には行かない、オペラでも自宅でも、と言っていた」

「私を中傷する者としては正直でした」

「しかし、あなたは敵ばかりだな。監督、役人、作曲家たち、歌手たち……だれもが私にあなたのことを訴えに来た」

「それが私の無実の証拠です」

「多分そうだ。だが、彼らはどうしてあなたを嫌うのだ」

「前の監督のローゼンバーク様は、別の詩人（台本作者）を傭いたくて、その者を持ち上げておられましたから」

「だがローゼンバークにはオペラの経営は全くわかっていなかった。彼の推薦する詩人は傭う気がせん。私の好みの人物はヴェネツィアに一人いるが……しかし、なぜトルヴァルトはあなたの敵なのか」

「私は自分の義務として劇場の照明費を節約する方法を提案いたしました。すべての色の絹や最高品質の幕を八〇パーセント安く手に入れる方法も彼に話しました。劇場の入口で入場券を受け取る方法が売場のさまざまな独占制に寄与していることについて説明し、理解してもらおうとしました」

「どうして彼はそれらの提案を拒否したのか。彼は何と言ったのか」

「そういうことは昔からそのようにやっていて、変えることなどできない、と。さらには、私がもしウィーンに居たいのなら、そのようなことを他人に話すなと言われてしまいました」

「悪党め。それでわかった。なぜあの男があなたの悪口ばかり言うのか。やれやれ、ウィーンは大変なところだ。さて、何かほかにあるか」

「はい、サリエーリのことですが」

「おお、サリエーリのことは心配するな。彼のことは朕は何でも知っている。彼の陰謀も、カヴァリエーリ[*2]なる女の陰謀についても知っている。サリエーリは鼻持ちならないエゴイストだ。彼が朕の劇場で成功させようと思っているのは自作のオペラと自分の女（カヴァリエーリ）だけなのだ。彼はあなたの敵であるばかりではない。すべての作曲家の敵、すべての歌手の敵であり、すべてのイタリア人の敵なのだ。そして今や朕の敵でもある。なぜなら、朕に見抜かれていることを彼は知っているのだ。朕はもはやサリエーリも彼のドイツ女（カヴァリエーリ）も要らない。……」（ダ・ポンテ『回想録』）

ダ・ポンテの『回想録』には自慢話、ホラ、ブラフなどが入りまじっている上に、卓抜な記憶力にも拘らず、思い違いや記述の誤りが散見されるのだが、書かれていることは大筋において事実である。

レーオポルト二世が下情に通じていたりするのも面白いが、文中に登場するトルヴァルトなども劇場の副監督の地位を利用してかなりの内職をし私腹も肥やしていたようで、ウィーンに定住するようになったモーツァルトが——これより一〇年も前のことだが——下宿屋の娘コンスタンツェとイチャつき始めたのを見て、下宿屋のお内儀《かみ》のウェーバー夫人が連れてきたのもトルヴァルトだった。彼は後見人と名のり、娘に手をつけた代償として、結婚するという誓約をするか、しないなら罰金として毎年三〇〇グルデンを払えといってモーツァルトに凄んでみせたものであった。レーオポルト二世は即位後まだ日も浅いのに（それまではフィレンツェの総督だった）早くもそのトルヴァルトたちのワルさには気づいているし、サリエーリとその愛人カヴァリエーリの策謀についても知っている。

右の会見の途中で皇帝自らウィーンの状況を嘆いてこう言っている。「やれやれ、ウィーンは大変なところだ」（フィレンツェは良かったな）。

そして最後に皇帝はトリエステにいたダ・ポンテに訊《き》く。


「あなたはこのあとどこへ行くつもりかね」

「陛下、ウィーンです」

「ウィーンに今行こうというのか？　それは不可能だ。あなたが残した悪い評判はまだ新鮮過ぎるほど新鮮だ。いずれ彼らの嘘にはけじめをつけてやるとしても……まだ時間がかかる」


賢明な判断である。兄のヨーゼフ二世は理想主義者であり、革新派としてかなり性急にいろいろな病巣に手をつけたので、抵抗や混乱も多く、その末期には内憂外患交々《こもごも》至るという状態であったが、レーオポルト二世は就任後、短時間で山積する問題を現実的に素早く解決していった。惜しむらくは彼の命があとわずか二年余りしかなかったことである（結局ダ・ポンテはウィーンに復帰できなかった）。

いずれにしても、右のレーオポルト帝とダ・ポンテのやりとりにあるように、ウィーンでは陰謀は日常茶飯事ないしはスポーツ、気晴らしの遊びの類いであったかもしれない。

このあと一九世紀に入り、メッテルニヒが実権を握るようになると、ウィーンでの陰謀・策謀はさらにひどくなる。体制転覆の謀議なども行われるようになると、それに対抗するかのように有名なメッテルニヒの警察国家が実現し、街には私服の密偵がうろうろするようになっていくのである。

「宮廷楽長、殺人を告白」

そしてモーツァルトが死んで三二年——。

ずいぶんと長い年月が経ったものである。元気だったサリエーリ楽長も七三歳、老化して精神に異常を来たし、自殺未遂を起こしたりして病院に収容されて暮らす日々となった。

その精神病院の老サリエーリが、ある日とんでもないことを呟《つぶや》いた（告白した）。

「おれはモーツァルトのやつに毒を盛ってやったのだ」

聞いた病院関係者は驚いたと思われる。「宮廷楽長、殺人を告白」というわけで、この噂はウィーンを走り抜け、新聞に掲載された。

有名な〝ベートホーフェンの会話帳〟にもこの件は登場する。耳の遠いこの巨匠はその晩年には筆談で会話をしていた。それが〝会話帳〟として残されている。ちなみにサリエーリは、若き日のベートホーフェンに対位法を教えたことがある。

（訪問者）ヨハン・シック「サリエーリが自分の咽喉《のど》を切ったが、命に別条はない」

（一八二三年一一月分に収録）

（訪問者）ヨハン・シック「賭けの倍率は一〇〇対一です。サリエーリの良心が真実を語らせているのです。モーツァルトの臨終の様子がこの話を裏付けています」

（同年一二月の分に収録）

話者のシックは「芸術・文学・演劇・流行のウィーン時報」なる定期刊行物の版元であった。「賭けの倍率は一〇〇対一」と言っているが、サリエーリの犯行は〝一〇〇対一〟で確実であると言っているのである。

（訪問者）カール・ファン・ベートホーフェン「サリエーリがモーツァルトに毒を盛ったと言ってます」

（訪問者）アントン・シントラー「サリエーリの病状はまた悪くなった。ひどく錯乱している。うわ言の中で彼が言い続けているのは自分がモーツァルト殺しの犯人で、毒を盛って殺した――これは真実だ――というのは、そのことを教会で告解したがっているからだ――それで再びその話は真実になったが因果応報というところだ」

（最初の書き入れから一年後の一八二四年一一月に収録）

話者のカール・ファン・ベートホーフェンは作曲家の甥《おい》であり、シントラーは晩年の巨匠に秘書のような形で寄り添っていた人物である。

サリエーリはこの前年の秋に発症して施設に収容されている。しかし、彼がモーツァルトを毒殺したという話は三二年も前のことであり、一時の噂も年月の間に風化し、立ち消えになり、覚えている人も少なくなっていたはずである。それを、どういうわけか、その噂の張本人が精神病院で自殺を図り、その上、自分が毒殺したとしゃべっているというのだから、毒殺説の信者たちは、それ見たことか、やはりそうだったのだと躍り上がって喜び、毒殺の噂は再燃した。

〝モーツァルト殺し〟の容疑者としては、三〇年ぶり二度目の登場である。

プーシキンは遠いロシアにいて一度もウィーンに来たことはないが、この話に興味を持ち、

『モーツァルトとサリエーリ』という劇を書いた。毒殺説再燃から七年ほどあとの一八三〇年のことである。さらに彼の〝小さな悲劇〟はそれから半世紀以上も経った一八九七年にリムスキー＝コルサコフによってオペラ化された。さらにそれから一世紀近く経って二〇世紀も終わりに近くなったころ、イギリスの作家ピーター・シェーファーによってこの噂に基づいた劇が作られ上演されたとき、それは世界中を席捲《せっけん》する大ヒットとなり、さらには映画化され、古典音楽の作曲家の話というより、コメディーとして、ミステリーとして、観客の心を捉えた。そのタイトル「アマデウス」は一世を風靡し、人口に膾炙《かいしゃ》した。

戯曲『アマデウス』第一幕、最後の独白

ストーリーの柱の一つは、モーツァルトの天賦の才に対するサリエーリの嫉妬心である。第一幕の終わりの場面はこの劇の核心となるセリフで埋まっている。

（暗転した舞台の薄暗がりにサリエーリが一人坐っている。長い沈黙があって、サリエーリの独白が始まる）わかったぞ。自分の運命を悟ったよ。アダムが自分の裸に気づいたように、おれは初めて自分が何の値打ちもないことに気がついた。（ゆっくり立ち上がる）今夜今ごろこの街のどこかの宿には、玉突きのキュー《カピースコ》を片手に持ったまま五線紙に音符を書き飛ばせる、まるで子供のような男がケラケラ笑ってる。だがそいつの音符に比べると、おれが考え抜いて書き上げた譜面などは落書きみたいなものとなる。いや有り難う《グラーツィエ》、神様、あなたは私に神にお仕えする気を起こさせてくれた。並みの男には縁のないことだ。そのあとで、今おれにやる気をなくさせた。いや有り難うございます《グラーツィエ・タンティ》。あなたは超絶的な人間が存在することを私に教えてくださった。並みの男にはわからんがね。そのあとで、私が永久に凡才であることも教えてくださった。

（声が高くなる）なぜです。私のどこがまちがってましたか。きょうこの日まで私は厳格に教えを守ってまいりました。私は人類を救うために、長時間働いてきました。あなたの下さった才能を働かせるだけ働かせてきました。

（上を見上げて）いかに勤勉だったかおわかりですね。

芸術を実践した結果として世の中はわかり易くなってきた。あなたのお声を聞きたいと思っていたが、今やはっきりとあなたの声が聞こえてきた。あなたは一つの名前しか呼んでいない……モーツァルトですぞ。毒があり、人を鼻先で笑う、うぬぼれの強い、ガキのようなモーツァルト——他人を助けるようなことには一度でも精出したことのない男。下品なことを口走るモーツァルトという男とそのケツを叩く女房。あの男を、あなたは、あなたの〝ただ一人の者〟としてお選びになった。私の頂いたご褒美はといえば、貴重な特権ではありますが、あなたの化身《インカーネイション》を、はっきりそれと認識できる、今この地上に生きている者の中ではただ一人の存在となれたことです。

有り難う《グラーツィエ》、有り難うございますだ《グラーツィエ・アンコーラ》。

よし、よし、これから先あんたはおれの敵だ。あんたとおれだ。もうおれはあんたらから何も受け取らんぞ。

聞こえるか！

神を愚弄するなと人は言う。しかし、おれに言わせれば、神は人を愚弄するな、だ。おれは愚弄されないぞ。精霊は好むところに降りると人は言う。違う。そいつは徳に向かって来るか、全く来ないかのどちらかのはずだ。

不公平な神よ！

あんたは敵だ。あんたの名前は〝永遠の敵《ネミーコ・エテールノ》〟だ。だからおれは誓う、死ぬまであんたを妨害してやる。おれにできるうちはな。

……（一八二三年の老人に戻ったサリエーリが、このあと観客に語りかける）……

時刻は今、夜明けまで一時間ありますな。ちょっと失礼しますが、戻りましたなら私と神との戦いについてお話ししましょう。あの神が依怙贔屓《えこひいき》する野郎《クリーチユア》――モーツァルトことアマデーウス（神の愛）との戦です。もちろん、その戦の中であの野郎は消されるのです。

ここで戯曲『アマデウス』の第一幕は終わる。サリエーリの狙う相手はモーツァルトという名前の〝神の愛《アマデーウス》〟を亨《う》けた者であることがわかる。劇中のサリエーリの哲学的信条からすれば、神に愛される者は勤勉、誠実、努力、善行など、美徳を完備した者でなければならぬはずであり、彼のそれまでの人生も営々とそれに向かって努力を重ねてきたものであった。ところが今夜その逆のことが起こった。彼がこれまでの人生を賭けて求めてきた音楽の美、それをはるかに超えた神秘的なまでの美しさを湛《たた》えた音楽を書く男がこの世にいたのだ（劇中ではモーツァルトの一三管楽器のセレナーデが奏される）。

その男の音楽には人間技とは思えない超絶的な美しさがあり、それに比べれば自分の書く曲などは反故《ほご》も同然だと悟らされる。だが、それを書いた男はチビで猥雑な言葉を吐き散らし、くすくすケラケラと笑い、人前で女房とあられもなくイチャついたりする――およそサリエーリの信条とする勤勉、誠実、努力、善行などの美徳とはほど遠い――フウテンのような若者なのだ。神は徳を修めた者を愛され、そのような者に努力の報酬を賜わると信じてきたサリエーリは、その存在を根底から覆されることになってしまった。

神はこともあろうに、あんなやくざな男を愛され、人の及ばぬ才能を与えたもうた。その象徴のように、その男はアマデーウス（神の愛）という名前を持っている。

神よ、あなたはまちがっている。どうしてあんなフウテンに超絶的な才能をお与えになったのですか。

エリ・エリ・レマ・サバクタニ（神よ、なんぞ我を見捨てたもうや）。十字架にかかるキリストが、ただ一度、神に対する不信の言葉を口にする。篤実勤勉の徒サリエーリの怒りは神に対する不信となって爆発する。

「アマデウス」でなければならなかったタイトル

というわけで、この戯曲は「アマデウス」すなわち〝神の愛〟というタイトルでなければならなかったのである。神の愛は神の依怙贔屓としても良いかもしれない。

多くの解説は、この劇を天才に対する凡人の嫉妬というふうに表現している。しかし、そのタイトルの「アマデウス」の意味は、もう一歩進んだところにある。神に愛され才能を贈られたのが常識的に見れば奇妙キテレツ、世にもおかしな男であり、それを見ればすべての善行と努力はムダで空しいものに思えてくる——それは善行を奨励するはずの神が善人に下した裏切り行為であり、そこにあるのは、すべての積善は、神の気まぐれの前には三文の値打ちもないという絶望《ニヒリスム》の世界となる。そうなればそれはエリ・エリ・レマ・サバクタニの叫びとならざるを得ない。つまりサリエーリの発するものは、モーツァルトへの嫉妬というより、神への怒りなのである。

作者のピーター・シェーファーは（多分）ためらわず自分の作品に「アマデウス」というタイトルをつけた。だが、それはドイツ人たちが勝手に彼の名前として使っているものであって、本人は一度もそんな名前を名のったことはない。その事実をシェーファーは知らなかったであろう。

映画は、モーツァルトが自分に冠したこともないアマデウスという名前を、世界中に広める役を担った。しかし、繰り返せば、モーツァルトはアマデウスではないのである。彼は手紙に署名するときには〝アマデ〟という変奏形を用いているが、正式にはアマデーオであった。これは一四歳のときにイタリア人が彼につけた名前であり、イタリアから姉に出した手紙の中で少年モーツァルトが自分の新しい名前と宣言し、その後一生にわたって公式署名に使われた名前である。それに対して、アマデウスという名は一生にただ一度も正式に署名したことがない。彼はアマデーオではあったがアマデウスではなかったのである。

註

＊1　ローゼンバーク伯爵はこの時期劇場関係を管理しており、モーツァルト嫌いの中心人物と目さ

れる一人である。

＊2　カヴァリエーリ Caterina Cavalieri は、名前はイタリア人だがウィーン生まれ。本名 Katerina Kavalier というドイツ人である。イタリア人らしい名を名のって受けをよくしたものである。

第一〇章　ドイツ語圏に家がない

ザルツブルクへの嫌悪

モーツァルトはドイツ語を話す国民として生まれてきた。生地はだれもが知るとおり、現在はオーストリア領のザルツブルクである。ここに二五歳まで住み、死ぬまで一〇年余りをウィーンに住んだ。当時のオーストリア（Österreich＝東の国）は大国だったが、ドイツという国はあったわけではない。それは東をスラブ系の言語を話す国々に、西をラテン系の言葉を話す諸国に挟まれた三〇〇余りの小国の寄り集まりで、ドイツ語と呼ばれる言語を話す人々が住んでいた。オーストリアを除けば、ベルリンを中心とするプロイセンという辺境の国が、一八世紀の初めから〝富国強兵〟政策をとってのし上がってきていた一方で、南のミュンヘンを中心とするバイエルンあたりが強大国で、そのほかいくつかの商業的な自由都市などをまじえて小国や都市の集いという形で存在していた。

前世紀の三十年戦争や宗教戦争、領土戦争など打ち続く戦乱によって国土は疲弊し、一八世紀の幕が開いたころには、イタリア、フランス、スペイン、イギリスなどの〝西〟の諸大国に比べて政治、経済、文化いずれの面においても遅れをとっていたので、ドイツ語圏の群小国では、西側の大国に対する劣等感が強く、どこの宮廷でもドイツ語は使われず、公式文書はフランス語で書かれ、宮廷内の日常会話はフランス語やイタリア語で行われていた（第七章のマリーア・テレージアの私信が全文フランス語であることを思い出されたい）。啓蒙君主ヨーゼフ二世はよろず改革を推し進め、実行に移したが、その中に「ウィーンの宮廷内ではドイツ語を使うように」という布告がある。しかし廷臣たちによって一笑に付されて実現しなかった。ドイツ語を話すのは無教養の証だったから。

モーツァルトは六歳にしてウィーンに旅行し、七歳から一〇歳にかけてはドイツ諸国を振り出しにフランス、イギリス、オランダ、スイス、イタリアなど一流の国を旅行して、肌を以て〝比較文化〟を学ぶことになった。一三歳のときに書いたラテン語の手紙も残っているし、日常の書簡の中にはイタリア語やフランス語も使われている。ヨーロッパ無籍の国際人《コスモポリタン》として育ち、人間形成が行われた。

モーツァルトはザルツブルク宮廷楽士の職をクビになって、二二歳のとき、新しい就職先を求めてパリまで行ったが、父親に帰郷を命ぜられると激しく抵抗する。

「……私の名誉に誓って申しますが、私にとってはザルツブルクも、その住人（土地の人）も耐え難いものがあります。彼らの言葉、そして彼らの振る舞いは、私には許し難いものです。……」

「……信じてください。パパと姉さんをこの腕に抱くことを私は心から望んでおります。それがザルツブルク以外の場所であって欲しいのです」

「本当のことを申し上げますと、私がザルツブルクを嫌悪するのは、人と自由に交際することができない点、音楽家の評価が低い点です。それに大司教が、他の国を見聞した知識人たちの経験を信用しないからです」

「最愛のお父さん、告白しなければなりませんが、あなたに再会する喜びのためでない限り、（ザルツブルクでの再就職は）引き受けられないのです」


以上はそれぞれ別の手紙から採られている。つまり何度も繰り返しながら自分はザルツブルクは嫌いだと言っているのである。

国際人としての彼はザルツブルクというマイナーな国の——田舎の小都市にありがちな井戸端会議的な雰囲気の——住民たちとは一線を画すことによってしかおのれのレベルを維持する

ことができないと感じていたことはよくわかるが、右の父親への手紙と同じ時期に、モーツァルト家の味方だったブリンガー司祭に宛ててパリから出した手紙にも同様のザルツブルクに対する悪感情が見られる。

　ではザルツブルクについてお話ししましょう、あなた様はすでに私がザルツブルクを嫌悪しているのはご存知です。――単に私や父に与えられた不当な取り扱いは、それだけで、私たちがこの町のことを忘れて永久に記憶から抹殺してしまうのに値するものですが、それだけではありません。もし私たちが私たちに相応の処遇を受けるのであればその件は横に置くとしましょう。ですが、相応の暮らしをするということと、幸せに暮らすということは全く別のものです。ザルツブルクで幸せに暮らすには魔女の力でも借りないとできないでしょう。でもそれは無理です。今どき、魔女はいないからです。しかし、そうだ。名案があります。ザルツブルク生まれの人たち――それこそ街に溢れています――この人たちは自分らの本当の名前の最初の一字を変えるだけで私の仲間になれるのです。　（一七七八年八月七日付）

この最後のところでモーツァルトの言っていることは、ザルツブルクの人間に名前をつければFexen（バカ）であり、その最初の字のFをHに取り替えればHexen（魔女）となる、すなわち、ザルツブルクのバカたちも一字入れ替えれば、魔女となってモーツァルト家を助ける存在となると、落語の考え落ちのような高度な冗談を言っているのである。

今回私が帰郷するとすれば、最愛の父と姉に会う喜びのため以外は考えられないのですが、それすらもザルツブルクではない場所で会えるとすれば、その喜びは倍加することでしょう。よその土地なら、どこであれ、私たちはずっと楽しく幸せに暮らせる希望を持てます。

（同前）

モーツァルトを嫌ったザルツブルク

右のように、モーツァルトはザルツブルクがしんそこ嫌いであった。

だが、ザルツブルクのほうでもモーツァルト家のことが嫌いであった。今でこそザルツブルクには目抜きの広場にモーツァルトの銅像が立ち、ゲトライデ通り《ガッセ》のモーツァルトの生家の建物には観光客の参詣が絶えず、街ではモーツァルト菓子《クーゲルン》やモーツァルト・リキュールが土産物として売られ、モーツァルト記念の音楽祭はザルツブルク音楽祭として夏の観光客の人気の的となっている。だが一八世紀から一九世紀にかけて、意外なことにこの街はモーツァルトに対して好意は持っていなかった。

そのことを最初に指摘したのは大部の著作『モーツァルト』(一九九五年)を出版したメイナード・ソロモンである。彼は一七九二年(モーツァルトの死の翌年)から二年かかって出版されたザルツブルクとその周辺についての二冊組の〝ガイドブック〟を発見し、読んでみた。すると『ザルツブルクの文化面、音楽的施設、公立の学問的施設、教会、存命の著名人』などから「人口統計、誕生と死亡の記録、小売店や製造業、土地の所有や農業生産」など細かいデータが掲載されているのだが、ふと気がつけばその本には「モーツァルトの名前がどこにも出ていない」のであった。

たとえばゲトライデ通り《ガッセ》の項を見てみると「この通りの幅や全長が書かれ、主な建物が列挙されていて、過去から現在に至るこの通りに住んだ偉人たちの名前が書いてあり、モーツァルト家の家主であったハーゲナウアーの名前も登場するがモーツァルトがここで生まれたとは書いてない」のである。それとは別に今では観光名所の一つである通称「ダンス教師の家」という建物があって、モーツァルト家は一七七三年からレーオポルトの死の一七八七年まで一四年ここに住んでいたわけだが「この建物の記述の中にもモーツァルト家の名前は出てこない」とある。つまりモーツァルト家はザルツブルクの記録から抹殺されているのである。

ほかにも「モーツァルトが死んだとき、彼をしのぶ追悼の集いやコンサートは、ウィーン、プラハ、カッセル、ベルリンなどで行われているがザルツブルクでは行われていない」。

同じように「モーツァルト未亡人のコンスタンツェは亡夫の作品を携えて、ウィーン、プラハ、グラーツ、リンツ、ドレースデン、ライプツィヒ、ベルリンなどの都市を巡業して慈善コンサートを開いているが、ザルツブルクでは行っていない」。

また、一七九二年以降モーツァルトの銅像や記念碑はヨーロッパのあちこちの都市に立てられているのに対して、ザルツブルクに銅像が立つのは没後五〇年も経過した一八四二年のことである。

あるいはまた、一七八四年以降、モーツァルトはまだ生きていたのに、彼の作品はザルツブルクでは一回しか演奏されていない、それもレーオポルト・モーツァルトの弟子がピアノ協奏曲を弾いたものである、など、など。

これらの指摘を読んでわかることは、明らかにザルツブルクが、モーツァルトをその記憶の中から抹殺しようとする力を働かせている様子である。当初はモーツァルト嫌いだった領主・大司教のヒエロニムス・フォン・コロレード伯爵の意向もあったろうが、彼の在位は一八〇四年で終わり、以後ザルツブルクはオーストリアに併合されている。それでも銅像が立つまでに五〇年もかかったとすれば、〝モーツァルト嫌い〟は大司教の方針ばかりとは限らず、ザルツブルクという街全体に瀰漫《びまん》していた空気のようなものであったと思われる。

ウィーンではないどこかへ

モーツァルトはまたウィーンも住むべき都ではないと思っていた。無理もない。少年の日に散々な目に遭わされ（第三章、第四章参照）、マリーア・テレージア女帝には愛想をつかされていた。それでもなお一七八一年に大司教と衝突したときにウィーンを定住の地に選んだ。しかしそれはウィーンを愛していたからではなく、ただ単に行きがかりでそうなっただけである。

すでに見たように、その前年の秋に死去したマリーア・テレージア女帝の弔問のためにウィーンを訪れたザルツブルクの大司教の従者の一員としてこの都に滞在中であった彼は、短期間のうちに大司教と離別する可能性を見出《みいだ》した。ウィーンには神童時代（一七六二年、六歳）の自分を覚えていて、自分のことを今でも天才ピアニストだと思っているファンがかなり多く存在することがわかったのである。それがあれば、たとえ宮廷の職がもらえなくとも、ピアニスト稼業で当面は食べていけそうである。その感触を確かめながら、大司教のもとから逃走するチャンスをうかがうようになった。

父親は息子の手紙からすぐにキナ臭いものを感知し、逃走禁止の説得にかかる。しかし、自立しても、ザルツブルクよりはマシな収入が得られる目途が立ったと思っている息子は、（生まれて始めて）父の命に従わず、父の傘の下を出る覚悟を固める。

第八章で述べたように、大司教とモーツァルトの仲を調停しようとしたアルコ伯爵は諄々と説いてきかせる。

「……いいかね、君はウィーンに騙されて目がくらんでいるようだが……最初のうちは、確かに、盛大に賞められる……しかし、何時までそれが続くと思われるか……」

君もすぐに倦きられてしまうよ。そうすれば定収入がなくなって困るだろうに。

モーツァルトは反論する。

「でも、私がウィーンに定住するとお考えになるからでしょう。全く違います。私の行きたい場所は私にはわかっています……」

それなのに死ぬまでの一〇年余り、ウィーンを動かなかったのはこれまた成行きというよりほかはない。最初の五年ほどは、なるほど、目論見《もくろみ》どおりにウィーンには敵とは別に彼のファンもいたので、ピアノの教師として演奏家として生計を立てることができた。そのあとはアルコ伯の予言どおりピアニスト人気にはかげりが出て貧乏になるが、彼をひいきにする皇帝ヨーゼフ二世が〝宮廷作曲家〟に採用してくれた。そのお蔭で、ウィーンから出て行かないことになってしまった。

一〇年の間にはウィーンを出て行きたい――出て行ったほうがもっと良い（楽しい雰囲気のもとで）生活ができる――と思っていたし、実行を企てたことがあった。たとえば一七八七年に、

《フィガロの結婚》の初演に出演した歌手のナンシー・ストーレス（スザンナ役）やマイケル・ケリー（バジーリオ他）たちイギリス人がロンドンに帰ることになったとき、モーツァルトは一緒にロンドンに来ないかと誘われた。彼はその気になったが、このときはまだ永住の決心はできておらず、旅行ないしは、移住を前提とした下見に行くつもりであったかと思われる。彼はこの時点では彼を愛してくれている皇帝ヨーゼフ二世と別れてロンドンに移住するだけの心の用意もできていなかった。その証拠には、ザルツブルクの父レーオポルトに、ロンドンへ旅行したいからしばらく自分の子供を預かってくれと頼んでいるのである。

父親はその件を嫁ぎ先の娘ナナールに報告した。

……おまえの弟が年明けにドイツからイギリスへ旅行を計画しているので、子供たちを私に預けたいというのだ……二人は出発してもいいが……二人が死んだらどうなる……あるいはイギリスから戻らなかったら……私があの夫婦の子供の面倒を見て暮らす……結構なことだ。

（一七八六年一一月一七日付）

かつて一心同体だった息子は自分を裏切ってウィーンで独立し、こともあろうに自分が忌み嫌うウェーバー家の娘と結婚し、できた子供を預けてイギリスへ行くだと……何を勝手なことを吐《ぬ》かしおる……。

けんもホロロに父親に拒絶されたモーツァルトはイギリス行きを諦めざるを得なかった。

それから三年後、以前からモーツァルトに興味を持っているというベルリンのフリードリヒ・ヴィルヘルム二世に会いに行くことになった。リヒノフスキー大公に誘われたから（馬車代やホテル代がタダになるので）という便乗の旅で、あわよくばベルリンに高給で傭われるような話が出ないかという期待があったかと思われるが、期待は外れて、音楽会一つさせてもらえず、弦楽四重奏曲とピアノ・ソナタの作曲のご注文を頂いただけに終わった（その注文の話もモーツァルトの作り話だった可能性もある）。

モーツァルトはベルリンから妻に書く。


今回ぼくが帰宅しても、ねえ可愛いぼくの奥さん、君はぼくの持って帰る金の額よりも、ぼくが無事で帰ることのほうが嬉しいということになる……。（一七八九年五月二三日付）

ベルリンに行ってみても収穫はほとんどないに等しかった。しかもなお、モーツァルトはウィーンを出てどこかよその土地で名誉と高給とにありつきたいという望みを捨てない。ベルリン行きの翌年の一七九〇年には、ウィーンの皇帝ヨーゼフ二世が死去し、跡を継いだレーオポルト二世が神聖ローマ帝国皇帝としての戴冠式をフランクフルトで行うことになった。

この戴冠式にはドイツ語圏の王侯貴族だけではなく、ヨーロッパ諸国から錚々《そうそう》たる貴顕の参加がある。式典関連の音楽行事には当然ウィーンから音楽家が派遣される。メンバーのリーダーはもちろん宮廷楽長アントーニォ・サリエーリ、補佐は副楽長のウムラウフであった。この音楽家の公式派遣チームは総員一五名だったが、そこから外れたモーツァルトは、私費でフランクフルトに行き、コンサートを行うことにした。ここに集まるヨーロッパの王侯貴族たちに自分を売りこみ、あわよくば就職の話にでも持ちこめないかと思ったのだった。そのコンサートは三時間も続き、モーツァルトは協奏曲を二曲も弾き、即興演奏も行ったが「実にひどいことが一つあって、それが私を不快にした。客がそれほど入らなかったことだ……」と、ある貴族の日記に記されている。

モーツァルトの出口はどこにも開いていなかった。

その翌年には死がやってくる。

嫉妬と悪意にさらされた不遇の日々

モーツァルトの三五年の短い生涯を振り返ってみると、環境に恵まれた時間はそれほど長くない。物心ついてから父の手で教育され、七歳から一〇歳の終わりまでの三年半を旅のうちに過ごした。この時は比類ない神童としてヴェルサイユ、バッキンガムを始めとするヨーロッパの王侯貴族たちの城館を訪問し、栄光をほしいままにした。しかしその幸せな時間は、嫉妬と羨望を招き——特にマリーア・テレージアのウィーンでそれがひどく——モーツァルトは袋叩きの目に遭うことになるのはすでに見たとおりである。

だが、そのあと一三歳の終わりからのイタリアめぐりの旅では、その才能を余すところなく評価され、王侯貴族たちから厚遇され、六歳のときの栄光の旅の再来を味わったのであった。しかし、幼年時代の旅で彼が王侯たちに見せた芸というのは、ある意味でよく訓練された〝神童ショウ〟であったのに対して、イタリアの旅において彼が披露したのは、真の天才の証なのであった。すでに本人はそれを十分に自覚できる年齢に達しており、〝自分にふさわしい待遇を受けた〟という達成感と誇りとを胸に刻むことができた。

Wolfgang in Teutschland, Amadeo in Italien

ドイツではヴォルフガング、イタリアではアマデーオという署名はその自覚と誇りを象徴するものであった。

このイタリア旅行のあとは、名誉と賞賛に包まれた幸福な舞台は生涯に二度とモーツァルトのために用意されることはない。

ザルツブルクに戻ったとき、待っていたのは天敵となる新領主・大司教ヒエロニムス・ヨーゼフ・フランツ・フォン・パウラ・コロレード伯爵であった。前領主はモーツァルトが第二次イタリア旅行から戻った一七七一年一二月にこの世を去っていたのである。

就任前にウィーンで何らかの毒を吹きこまれてきたためか、あるいはマリーア・テレージア女帝がヴォルフガング親子の旅行を非難することを知っていたからか、この大司教は就任当初から親子に対して厳しい抑圧政策をとり、親子の業績や能力については無視し続けるのであった。

「おまえの息子は何も知らんからナーポリにでも行ってどこかの音楽学校《コンセルヴァトーリオ》で音楽の勉強でもさせたらどうだ」と大司教に面と向かって言われてしまったとレーオポルトは憤慨している（一七七七年一二月二二日付　ボローニャのマルティーニ師宛ての書簡）。

就任以前から、理由はわからないが、この大司教はザルツブルク市民にも人気がなかった。教会のメンバーによる公選では、もう一人の候補ツァイル伯爵が辞退したため当選したようなものだったが……。

宮殿のバルコニーから「ヒエロニムス」と公選の結果を伝える声が、期待して詰めかけていた群集に伝わったときには人々は自分の耳が信じられなかった。新しく選出された領主の荘厳な行列が、蒼白《あおじろ》い病人のようなその人を中ほどにして、テ・デウムのために大寺院に入ってしまうと、あとは静まり返ってしまった。よく晴れた日だった。どこかの子供が人混みを見渡してバンザイと叫んだとたんに近くにいた商人の男に横ッ面を張り飛ばされた。「こら、小僧、でかい声を出すな。皆が泣いてるときに」と男が言った。

（コッホ＝シュテルンフェルト『ドイツ三十年史』）

自分が大司教に選出されるに当たって強く反対したザルツブルクの住人たちをヒエロニムスは許すことがなかった。彼は自分が不人気なのを知ると、人気の獲得に努める代わりに彼の臣下たちを公然と侮辱した。……彼は中背で顔色は蒼ざめていたが、灰色の目は眼光鋭く（左目は全開することが少なかった）口は固い決意を表していた。

（オットー・ヤーン『モーツァルトの生涯』）

このヒエロニムス伯が、モーツァルトに君臨し、彼を侮辱し、月わずか一二・五グルデンという薄給に甘んずることを強い、休暇も旅行も認めずに籠の鳥にした。封建制下の臣たるものは領主の財産の一部であったから、脱走もならず、この若き才能はひたすら忍従の生活に甘んじることになった。その地獄は一〇年間続いた。モーツァルトの年齢でいえば一六歳から二五歳まで、才能の最も開花する時期、青春を謳歌《おうか》する時期を不明の君主ゆえにあたら棒に振ってしまったのは、残念とも無念とも言い難い、残酷な運命であった。

哀れな年俸の宮廷作曲家

二五歳にしてこの地獄を脱出して、ウィーンで独立して自由を得る。独立といえば聞こえは良いが失業楽士のことである。自力で稼ぐ生活が七年続いて、一七八七年にグルックが死ぬと宮廷作曲家に空席ができ、その椅子がモーツァルトに回ってきた。といっても、この職に付随した年俸は二〇〇〇グルデンだったのに、モーツァルトは八〇〇グルデンしかもらえなかった。皇帝ヨーゼフ二世はグルックの後継者としてモーツァルトを推したが、ローゼンバーク以下の廷臣たちはこれに反対した。結局ヨーゼフ二世の言い分は通った形だが、廷臣たちはモーツァルトの給料を規定の半分以下の八〇〇グルデンに値切ることで皇帝と手を打った。悲しい星の下に生まれたものである（四年後にモーツァルトが死ぬと後任はコジェルフとなったが、彼は規定どおり二〇〇〇グルデンの俸給をもらえた）。

宮廷作曲家としての生活は四年間だった。その間、宮廷からどんなお仕事を頂戴したのか。オペラ？　いいえ。シンフォニーア？　いいえ。コンチェルト？　いいえ。そんな立派なご注文は一度もなかった。彼が作曲したのは――

・初年度　コントルダンス六曲、ドイツ・ダンス六曲
・二年目　コントルダンス二曲、ドイツ・ダンス一二曲、メヌエット一二曲
・三年目　コントルダンス四曲、ドイツ・ダンス一二曲、メヌエット一二曲
・四年目　コントルダンス九曲、ドイツ・ダンス一三曲、メヌエット一二曲、レントラー六曲

哀れな年俸の宮廷作曲家は毎年一二月から三月までの冬のダンス・シーズンの舞踏会のために曲を書くことを仰せつかったのでありました。ダンス用の曲とは一曲が二、三分程度の短いもので、メロディとバス（リズム）があれば内声部は必要のない、ごく簡単な音楽で、モーツァルトの才能を必要としない仕事でありました（安給料に見合った仕事か）。

「モーツァルトごときにオペラのような仕事はやらせるわけにはいかん」という反モーツァルト派の廷臣で劇場監督のローゼンバーク伯爵の声が聞こえてくる。

四年の宮廷音楽家としての生活ののちに、〝安給料からの逃走〟のための一つのチャンスがあった。いや、あるかのように見えた。

それはウィーンの大伽藍、聖シュテファン大聖堂の楽長レーオポルト・ホーフマンが病気に

なり、もはやダメではないかという噂が流れたときのことである。この由緒ある大聖堂は宮廷の所有ではなく、ウィーン市の管轄下にあり、その楽長の給料は年間二〇〇〇グルデンであった（世が世ならば宮廷作曲家モーツァルト氏の給与も二〇〇〇のはずだったが）。それを知ったモーツァルトは珍しくも商売気を出してそのホーフマンのあとがまに坐るべく、願書を提出した。一七九一年の四月のことである。しかしホーフマンが健康を回復してしまうと、原案を修正し、「無給の副楽長」として楽長を補佐する役に任命してもらいたいと願い出た。もちろん、そうすることによって、近々ホーフマンの病状が再び悪化すれば、その椅子は自分のもとに回ってくるという計算である。

だが、どこまでモーツァルトという男は〝ツイていない〟のであろうか。死期も近いはずだったホーフマンは元気になり、二年後の一七九三年三月まで生きた。モーツァルトのほうが先に死ぬことになってしまうのである。

同じそのころ、モーツァルトはウィーン駐在のロシア大使ラズモフスキー伯爵に自分のロシア行きの可能性を打診している。伯爵はペテルブルクのポテムキン大公にその旨を書いて送っている。だが、その返事が来ないうちにモーツァルトのほうがこの世を去ることになり、運命の開拓は成らなかった。

無神経なドイツ人

ザルツブルクとも、ウィーンとも、折合いの悪かったモーツァルトには、ドイツに住み、ドイツ語でアマデーウスと名のらねばならぬ理由は全くなかった。

それは父がつけた名前ではなかった。ヴォルフガングがアマデーオと名のるのを見て、のちのドイツ人たちが勝手にアマデーウスに直してしまったものである。

繰り返せばアマデーオはイタリア人のくれた名前であり、終生彼の誇りであった。それを自分と折合いの悪いドイツ人の言葉でアマデーウスにする気は本人にはさらさらなかった。にも拘らず、現在のドイツ人たちは彼をアマデーオの名で呼ぶことはなく、すべての印刷物にはアマデウスと書いていている。

しかし、度し難いドイツ人にも救いがないわけではない。たとえば有名な〝ケッヒェル・カタログ〟を編纂《へんさん》したルートヴィヒ・フォン・ケッヒェルは十分にモーツァルトの心情に敬意を表して彼の編纂した有名な全作品目録《ケッヒェル・カタログ》には、

Wolfgang Amadé Mozart

という名が書かれている。また大部のモーツァルトの伝記の作者として知られるオットー・ヤーンもモーツァルトの名をアマデと正しく書いている。

彼が誇れる唯一の持ち物は自分の才能だけであった。これだけは他人には指一本差されたくない宝であった。同時代の歌手のマイケル・ケリーはモーツァルトの性格を評して「まるで火薬のようにすぐ火が点《つ》く」as touchy as gun-powder と言っているが、彼に火を点け爆発させるには、彼の芸術に対するプライドを刺激するだけで良かった。逆に言えば、その彼の誇りを心から尊敬してくれる人物、そしてバカでない人物にモーツァルトはメロメロになるのだった。

彼が心を許した人物に対する言葉つきは、例の従妹《ベーズレ》ちゃんに宛てた手紙のようになるのですぐわかる。たとえば、ホルン奏者のロイトゲプはザルツブルクの宮廷楽団の先輩だが、一足先に辞めてウィーンに来ていた。彼はパリやミラーノにも演奏旅行をするほどの名手であったが、モーツァルトはこの彼に頼まれてウィーンでの一〇年間に四曲のホルン協奏曲を書いている。その自筆の譜面の中には、親愛の情に溢れた落書き――うまいぞ、へたくそ、がんばれ――の類いで埋まったものもあれば、四色のインクを交互に使って書いた譜面もあり、表紙に「バカでアホでマヌケのロイトゲプ Leitgeb Esel, Ochs und Narr を憐れんで[*1]」と書かれたものもある。

こうした悪口雑言は彼の示す高貴な友情の証なのである。しかし、この手の真の〝友人〟は数えるほどしかいなかった。通称「リボンの三重唱」K四四一は　チビのモーツァルトが探しているリボンを背の高いジャカンが見つけるというお遊びソングだが、このジャカン宛てにモーツァルトがプラハから送った手紙（一七八七年一月一五日付）にもその友情ゲームが見られ、モーツァルトはその中で数少ない遊び仲間にニックネームをつけている。

モーツァルト自身＝プンキティティティ
コンスタンツェ＝シャブラ・プンファ
シュタードラー＝ナチビニチビ
ホーファー＝ロツカ・プンパ
ジャカン＝ヒンキティ・ホンキー

ついでに、
犬のグッカールはシャマヌツキー

犬まで仲間とはどう取れば良いかわからないが、注目すべきはシュタードラーで彼は宮廷管楽バンドのクラリネット奏者である。モーツァルトはこの彼のために不朽の名曲クラリネット五重奏曲K五八一、クラリネット協奏曲K六二二その他を書いているが、この彼は〝悪友〟と言ったほうが良く、ビリヤードやカードでモーツァルトのなけなしの金を捲き上げたり現金を無心したりしている。それでもモーツァルトがこの悪友に限りない尊敬の念を抱いていたことは、彼のために書いた五重奏曲や協奏曲の無類の美しさを見ればわかる。

これらの数少ない善友悪友たちと遊んでいるときが、モーツァルトの心の空白を埋めるかのような楽しいときだった。

第二のモーツァルト

二五歳以降は、父親とも完全な反目状態になっていた。息子が二二歳までは、父はしっかとおのれの翼の下に抱え込んでいたのだが、遅かったとはいえ、モーツァルトも男の子であった証拠に、反逆するときがやってくる。旅先のマンハイムでヴォルフガングがアロイジア・ウェーバーという娘に、生まれて初めての恋をしたときに、父親はそれに対していささかの理解をも示すことなく一喝し、娘と手を切ることを命じた。息子は泣く泣く父親に従ったが、このとき、生まれて初めて親子の間にヒビが入ったと思われる。

そのあと、パリで一向に目の出てこない息子の世話を焼いていたグリムの言葉を容《い》れ、息子には生活力がないものと断定し、父はザルツブルクに呼び戻す決意をした。このときも息子は反抗しながらも父の命に従った。だが、それが最後であった。

それから二年、息子がウィーンで、脱大司教、脱ザルツブルクを決意したとき、父親はまたもや激しくこれに反対したが、この度の息子は父の命を無視して独立を強行してしまった。

いつものとおり力で抑えこめると思ったのはまちがいだった。青虫だった息子はいつのまにか蛹《さなぎ》となり蝶となっていたのだった。さらに、追い討ちをかけるように、息子はウェーバー夫人の策略に乗ってその娘コンスタンツェと結婚すると言い出した。なぜかこのウェーバー夫人を死ぬほどに忌み嫌っていたレーオポルトはこのときも必死になって息子にブレーキをかけるが、息子は勝手に、さっさとことを運んで結婚してしまう。

今度は逆に父が切れる番だった。レーオポルトには、手塩にかけた息子のヴォルフガングがあれほど神童として有名になったのは、天賦の才には恵まれてはいたとしても、それは多分に自分の教育のせいであるという確信と誇りがあった。確かに、並みの親だったら、この天才の卵に気がつき、孵化《ふか》させ、育て上げることができたかどうかはわからず、ことによったら神童ヴォルフガングはなかったかもしれない。自分がいなかったら、あの子は天才にはならなかったという考えは、息子に裏切られたあと、変質して、自分が教育すれば他人の子供でも第二、第三のヴォルフガングに育て上げることができるのだという信念に変わる。

レーオポルトはハインリヒ・マルシャンというミュンヘン生まれの少年を自宅に引き取って第二のモーツァルトにすべく教育を始めた。

マルシャン少年がまだマンハイムにいた八歳のころのことを、同地に五ヶ月ほど滞在したことのあるヴォルフガングは知っていた。三年後、父がこのマルシャン少年の教育を始めたと聞いたヴォルフガングはウィーンから父に書いている。

さて、私は忙しいのですが、ハインリヒ・マルシャンのことは知っているので、一言いっておきたいと思います。あるとき彼の父親がテーブルでまだ幼い彼をたしなめたことがありましたが、あの子はナイフを握って言いました。「見ろよ。もし父ちゃんが何か言ってみろ、おれは自分の指を切り落とすからな。そうすりゃ、おれは一生手がダメになって父ちゃんにメシを食わせてもらうんだぞ」

あの兄弟は二人とも、しばしば父親の悪口を他人に言いふらしていました。当時マルシャン家にはブーデさんという独身の女の方がいたのをご存知でしょう。父親がこの人の肩を持つものですから、兄弟は、父親とこの女の人の仲について悪い噂を振り撒くのです。また、ハインリヒが八歳のときでしたが、近所の女の子にこう言いました。「今は目が覚めると枕を抱いてるけど、もうすぐ、あんたを腕に抱いて寝るんだからな」。彼はまたその子に求婚してこう言ったものです。「今はまだ結婚できないけど、親父《おやじ》が死ねば金ができる。あの親父はそれほど貧乏じゃないからな。おれとあんたは、結構楽に暮らしていけるさ……」

（一七八一年七月四日付　父宛ての書簡）

これを読む限りハインリヒ・マルシャンはかなりマセた〝悪ガキ〟である。純情が売物のモーツァルトが目に角を立ててご注進に及んでいるところが見ものである。

だが、レーオポルト・モーツァルトは息子の進言には耳を貸さなかった。一一歳になったマルシャン少年を自宅に引き取ってプロの音楽家として育てるべく本腰を入れることになった。モーツァルトが父に逆らってウィーンで独立してからわずか一ヶ月後のことである。

息子に離反されたレーオポルトの精神状態はいわゆる〝二重感情共存《アンビヴァレンス》〟の状態といえる。手塩にかけた最愛の宝に背かれた悲しみと、その勝手な息子に対する怒りや報復の思いが交錯していた。その後者がハインリヒ・マルシャンを第二のモーツァルトに育て上げるという決意につながったと思われる。

それから四年後の一七八五年二月、レーオポルトはこのマルシャン少年のデビュー・リサイタルのために、ウィーンに乗りこんでくる。

多くの伝記には「父親が息子の様子を見るべくウィーンにやってきた」と書かれているが、そうではない。彼はハインリヒ・マルシャンのウィーンでのデビュー・リサイタル（一七八五年三月二日、同一四日、ブルク劇場）を応援するためにマルシャンの父に同行して来たのである。

しかし結局のところマルシャンは大した音楽家にはならなかった。没年もわからない――落ちぶれた証拠である。

このあとも父は意地を貫く。息子夫婦がロンドンに行きたいから孫を預かってくれと頼んできたとき、きっぱりと断ったのはすでに見たとおりであるが、そのあとヴォルフガングの姉のナナールに男の子が生まれると、この子にレーオポルトと自分の名をつけ、娘夫婦に懇願してこの子を自分の手許に引き取って育てることにした。この子に神童教育を施して第二のモーツァルトにすることによって息子の鼻を明かしてやるつもりであった。まだ立つこともできない赤子を眺めながら「この子の指はよく動く」などとノロけている。

父が死んだとき、モーツァルトが受け取った遺産は現金一〇〇〇グルデンに自分の楽譜だけであったが、メイナード・ソロモンの研究によれば、姉のナナールは一八二九年に七八歳で没したとき、七〇〇〇グルデン近い預金を残しており、ほとんど収入のなかった彼女がなぜこのような大金を残すことができたかは謎とする一方で、おそらくそれは父レーオポルトから生前に贈与されていたものであろうと推定する。それは、もちろん、しがない楽士のレーオポルトにも持てるはずのない金額であり、多分、神童モーツァルトがその栄光の旅で稼いだ金を父がひそかに蓄えておいたものであろうという。息子の離反を許せなかった父は、その金が遺産となって息子に渡らないように、姉に生前贈与をしたというわけである。

間男の存在

父に嫌われたように、後年のモーツァルトは、かつてあれほど仲の良かった姉にも嫌われた。

その萌芽《ほうが》は一七七八年に弟が母とパリまで旅行し、母の死を看取《みと》ったころからナナールの胸にあった。弟がもっとしっかりした人間なら旅先で母を死なせないで済んだのではないかという思いが彼女に宿ってしまったのである。

二人の仲が徹底的に割れるのは弟の結婚のときからである。こともあろうに弟は、父が忌み嫌うウェーバー家の娘と結婚すると言い出した。このとき以来姉は父の側につき、弟を許さないようになった。弟が死んだあとも、姉は生涯にわたって弟のヨメとは口もきかなかった。

そして最愛の（はずの）妻コンスタンツェとモーツァルトの仲も崩壊していた。

モーツァルトの最後の年となる一七九一年の六月、妊娠中のコンスタンツェは足の痛みがひどくなったということで、いつものようにバーデンまで温泉治療に出かける。六月四日のことである。それから七月中旬まで一ヶ月半ほどそこに滞在してウィーンに帰る。七月二六日、モーツァルトに末の男の子が誕生した。

この間バーデンには、モーツァルトの指示で若い音楽家フランツ・クサヴァー・ジュスマイヤーがコンスタンツェに付き添っていた。彼はモーツァルトの死後、コンスタンツェの依頼でレクイエムの遺稿に補筆する男として知られている。モーツァルトはこのとき生まれた子にフランツ・クサヴァーという名前をつけた――ジュスマイヤーの名である。モーツァルトにしてみれば、この子は自分の子ではなくジュスマイヤーの子であるのにまちがいないのだ。彼は極めて大胆率直に妻の間男の名をこの子につけたというわけである。ひるがえって七月二六日に出産するための推定妊娠日がいつかということを逆算すれば、人間の標準妊娠期間を四〇週（二八〇日）として、前年の一〇月の一九日ごろが受胎の日となる。

一方、モーツァルトは前年の九月二三日にウィーンを出発して、レーオポルト二世の戴冠式の祝賀行事にあやかるべく、フランクフルトに向かった。戻ってきたのは一一月一〇日である。従って推定受胎日の一〇月一九日にはモーツァルトは不在だった（前後四七日間）。

これではモーツァルトが自分の子ではないと主張するのも無理はない。かねがねジュスマイヤーを妻の不倫の相手と見ていたモーツァルトは、妊娠末期でとかく機嫌の悪い彼女の面倒を見させるために、彼をバーデンに送ったのである。

七月二六日にその子を出産したあとまもなく、八月二五日、モーツァルトとコンスタンツェ夫妻は、プラハにおける戴冠式オペラ《ティトゥスの慈悲》の作曲上演のために、プラハに向けて出発した。一つ馬車に乗って同行したのは、ほかならぬジュスマイヤーである。

女一人に男二人で暮らすのをフランス語で〝三人世帯《メナージュ・ア・トロワ》〟という。並みの男にはできないことだが、モーツァルトは平然としている。もっともプラハに着けばモーツァルトはモーツァルトで別の女性がいた。ドゥーシェク夫人ヨゼーファである。彼女は著名なソプラノであったがモーツァルトとの仲は公然たるものだった。

謹直で愛国心の旺盛なドイツ人の学者はこの「メナージュ・ア・トロワ」に触れようとしなかったが、二〇世紀も終わりに近くヒルデスハイマーがその著作の中で認めた。外国人としてはアラン・タイソン、ロビンズ・ランドンらが認めている。

唯一遺された宝物

故郷もなく、ウィーンを脱出することも叶わず、父には敵対視され、姉には嫌われ、妻にも背かれたモーツァルトには帰るねぐらがなかった。

ただ一人のパトロン、ヨーゼフ二世が死んでしまうと（一七九〇年）冬の気配が忍び寄ってきた。良き相棒だったダ・ポンテが新皇帝レーオポルト二世によって解雇されてみると、敵だらけのモーツァルトも、明日はわが身かと思えてくる（そのために宮廷の管轄でない聖シュテファン大聖堂の無給の楽長補佐を志願したか）。

生きていくよすがもきずなも失ってしまったモーツァルトに死の影が忍び寄る。

ピアノ協奏曲　変ロ長調　K五九五（一七九一年一月）
アウェ・ウェルム・コルプス　K六一八（一七九一年六月）
クラリネット協奏曲　イ長調　K六二二（一七九一年一〇月）

などの中に、すでにして彼岸の世界、天上の音が鳴っているのを聴き取ることは、さして難しいことではない。

何も残っていなくなったモーツァルトに一つだけ残っているものがあった。

Amadeo（アマデーオ）

である。

この名前は彼の才能を率直に評価し賞賛したイタリアから贈られたものである。

Wolfgang in Teutschlaud, Amadeo in Italien

ドイツにいたときはヴォルフガングだったけど、ここイタリアに来てからはアマデーオなんですよ、姉さん。

皆がアマデーオという新しい名前で呼んでくれる。それに呼応するかのように、またと得られないような贈物が降ってきた。

ローマ法王からは騎士の位と黄金の拍車勲章

ボローニャのアッカデーミアからは会員資格

ヴェローナのアッカデーミアからは楽長《マエーストロ・デイ・カペッラ》の称号

それは一四歳のときだった。

それ以後はその人生においてそれほどの栄光を受けることはなかった。

その栄光はアマデーオという名前と共にあった。
彼が人生ですべてを失ってしまったときも、残っていたのは彼の才能だけだった。それは彼の宝物だった。何もない中で、彼はその宝を人類の遺産に変えていった。何もない中で、彼はせっせと晩年の名曲を書き続けた。人は彼からすべてを奪ってしまったが、その才能だけは奪うことはできなかった。その才能は作品となって人類のために残された。
その作品の表紙に彼が署名する名は、
ヴォルフガンゴ・アマデーオ
であった。それは彼の魂を象徴するものであったから、生涯にわたって一貫してその作品に、
ヴォルフガンゴ・アマデーオ
と署名した。
それはまちがってもアマデウスなどと置き換えられてはならないものである。

註
＊1　モーツァルトは誤字の名人であったが、Leutgeb もしばしば Leitgeb と書かれている。

アンコール　だれがアマデウスを作ったか

初めて「アマデウス」の名が載った出版物

一生に一度もモーツァルトはアマデウスと名のることはなかった。それなのに、二一世紀の今なぜ彼はアマデウスということになっているのか。

だれがそうしたのか。

結論から先に言うと、この天才の愛したアマデーオを彼から奪い取り、彼が一度も着用したことのないアマデウスという衣裳を代わりに着せた犯人はドイツ精神あるいは彼らの常識といったものではないかと思う。

モーツァルトの死後おそらく最初に出版された伝記（のようなもの）は、シュリヒテグロール（一七六五―一八二二）の手になるものであろう。彼はゴータに生まれた古代文学の研究家であったが、その晩年に近年のドイツに生まれた著名人の伝記集成のようなものを作り『追悼文集』Nekrologと名づけた。その中の一篇にモーツァルトが入っているのだが（一七九三年刊）、彼がそのタイトルに使った名前は何と洗礼名のヨハネス・クリゾストムス・ヴォルフガング・ゴットリープである。彼はその伝記を書くに当たって、モーツァルトの姉に資料を求めたので、このだれも知るはずのない洗礼名を姉から入手したものであろう。ただし本文中ではこれらの名前は一回も使われず、ただの〝モーツァルト〟として貫かれている。

次に出版された大作の伝記はチェコ生まれのフランツ・クサヴァー・ニーメチェクの手に成るもので、そのタイトルは『宮廷楽長ヴォルフガング・ゴットリープ・モーツァルトの生涯』Leben des K. K. Kapellmeisters Wolfgang Gottlieb Mozartとなっており、本文の冒頭で紹介される彼の名前は「ヴォルフガング・ゴットリープすなわちアマデウス Wolfgang Gottlieb, oder Amadeus」と書かれている。

この本は一七九八年、すなわちモーツァルトの死後七年という早い時期に出版されたもので、おそらく、これが世界で初めて〝アマデウス〟の名を彼につけた本であると思われる。ニーメチェクは執筆に当たり、未亡人のコンスタンツェ・モーツァルトに相談したとき、彼女は「モーツァルトの名前はアマデウスである」という返事を出した。夫の意志に背いて彼女がそのような無神経な返事を出したのには彼女なりの理由があった。それは彼女の〝覚醒〟という現象である。

ふつうコンスタンツェは二〇世紀のドイツの学者たちから袋叩きにされる。アインシュタイン、シューリヒらがその筆頭であるが、そこで描かれるコンスタンツェは、

ウェーバー家の四姉妹の中でも歌が下手で――
生まれつき好色な性格で、結婚後はモーツァルトと一緒に悪友たちとふざけて過ごし――
家事はできず、経済観念に乏しい浪費家で、晩年のモーツァルトの借金の原因となり、ひいては夫の死期を早めた――

という最低の女性である。

ところが、夫に死なれたあとの彼女は右のような女性像とは全く反対のような行動をとる。まず彼女は夫の死後直ちに皇帝に直訴して未亡人年金を確保すると、夫の遺稿を整理してこれを出版社に売りつけ、自ら巡業劇団を組織して夫のオペラを上演しながら各地をめぐり、時には自ら歌手として舞台に立ち、夫の名声に貢献すると同時に実益を挙げ、家を下宿にして稼ぎ、それやこれや、彼女の働きによって、夫が遺した三〇〇〇グルデン（夫の年俸の四年分）の借金を瞬くまに返済してしまい、四年目には金貸しを始めるようになった。

こうした健気で逞《たくま》しい彼女の像は二〇世紀前半の学者たちによって描かれた〝悪妻コンスタンツェ〟のイメージとはネガとポジのように反対である。

実利実益を重んじたコンスタンツェ

チェホフに『可愛い女』と題する短篇がある。その女主人公は、夫に死に別れては全く職業の違う男と三回結婚するのだが、結婚する度に以前の男との生活は忘れたかのように、新しい生活に溶け込み、新しい職業をあたかも昔からやってきたかのように自分のものとしていそいそと働くのである。

コンスタンツェの場合もそれに近く、夫に死なれてみると、ある朝、夢から醒《さ》めたように、あるいは瘧《おこり》が落ちたように、突然けろりと別人になって八面六臂《はちめんろっぴ》の働きを始めるのだ。どちらが彼女の正体であるかは問うまい。だが、新生コンスタンツェは全くの常識人で、今までとは反対に、実利実益を重んじ、集団の掟《おきて》に従い、世の中からハミ出さないように暮らし始めようと改宗したことは事実である。

その一環として、亡夫の借金の返済と同じように、モーツァルトの実生活における負のイメージの払拭を始めた。夫の奇矯《ききょう》な言動は一切なかったようにすることにした。そのために彼女が第一にやったのは夫の猥雑な手紙やカノンを隠蔽することであった。同時に夫の作品の価値を高めるために遺稿の出版を進め、演奏の機会を増やすことにした。

この働きの中で、彼女は夫の名前を、夫が使ったこともないアマデーウスに決めた。夫はアマデーオとかアマデとか名のっていたけれど、目覚めた常識人として彼女の目から見ると（世間の人が見るのと同じく）アマデーオもアマデも変な名前に違いなかった。夫を由緒正しい人間に仕立てあげるには、世間様の常識に従ってドイツ人ならアマデーウスでなければいけないと思った。（生前の公文書などにもモーツァルトの名はヴォルフガング・アマデーウスと書かれているが、これは何を根拠にしていたかといえば本人がアマデと名のるのがその出所で、形式を整えるのが第一のお役所仕事としては、アマデなどという半端な名前はダメで、すべからく――ドイツ人らしく――アマデーウスとすべしということになったのであろう）

彼女の夫の復権運動の働きの中で最もめざましかったのは、モーツァルトの初期の伝記の中では評価の高いニッセンの著書への関与である。

生前のモーツァルトの音楽を尊敬していたデンマークの外交官ゲオルク・ニーコラウス・フォン・ニッセンなる人物を彼女は下宿に引き込み、この彼がモーツァルトの伝記を書くというので〝貴重な資料〟を提供し、亡き夫の品格を高める伝記を完成させた。

それはニッセンの死後二年を経て一八二八年にコンスタンツェの手で出版された。その表紙には、『W・A・モーツァルト伝』Biographie W. A. Mozart'sとあり、その下に〝出版人〟としてフォン・ニッセン未亡人コンスタンツェ・前モーツァルト未亡人と書かれている。

herausgegeben von Constanze, Wittwe von Nissen, früher Wittwe Mozart.

その本文の書き出しは、「古今を通じてドイツ音楽史の中に輝く賞賛すべき名前としてヨハネス・クリソストムス・ヴォルフガング・アマト（ゴットリープ）モーツァルトがある」Johannes Chrisostomus Wolfgang Amad. (Gottlieb) Mozart. とあり、モーツァルトの名はヴォルフガング・アマトWolfgang Amad. である。このアマトという初耳の名はアマデウスの短縮形であるということは、本文の続きの中で次のような文章が出てくることからわかる。

（レーオポルトの）息子は一七五六年一月二七日の生まれで、ヨハネス・クリソストムス・ヴォルフガング・ゴットリープすなわちアマデーウスと名づけられた。
Der Sohn, der im J. 1756 am 27. Jänner geboren ward, hiess Johannes Chrysostomus Wolfgang Gottlieb oder Amadeus.

これによればゴットリープとアマデウスは同じ意味のドイツ語として同格に扱われている。問題の一四歳のイタリア旅行の折の名前についてはイタリア語でアマデーオと書いてある当時のポスターや文書の類いが本文の中にそのまま紹介されているが、著者は特別に意に介していない。さらには、このあとモーツァルトがマンハイムやパリへの旅行に出たときから使い始めたアマデーオのドイツ語版の〝アマデ〟についてもそのままAmadéと無修正で掲載している。

つまり、そこにおけるニッセン夫妻の見解は「アマデもアマデーオも存在したが、それはあくまでカジュアルなもので、それらの元となる言葉はアマデーウスであり、それは洗礼名のゴットリープ（テーオフィールとは言わない）と同じもので、これがこの天才の正式な名前である」ということになろうか。だが、それが誤解であることはすでに何度も見てきたとおりである。

いささか不注意で無神経な扱いで、そこには夫の心情を思いやる優しさはなく、ドイツ人の意に適《かな》う〝わがドイツの生んだ天才作曲家〟のイメージないしは看板を仕立てる姿勢が目につく。それによって夫の価値が上がれば上がるほど、未亡人である自分の価値も上がり、夫の遺稿も高く売れ、自分の懐も潤うというものである。

「アマデウス」の欺瞞《ぎまん》を突き止めた二人の学者

このままでいけば良かったのかもしれないが、一九世紀も半ばを過ぎて、この天才に対する研究が進んでくると、モーツァルトがアマデウスと自分を呼んだことがないことを突き止めた学者が出てきた。

一人はモーツァルトの最初の本格的な伝記（全四巻、一八五六年刊）を書いたオットー・ヤーンで、もう一人はモーツァルトを知る人ならだれもが知っているルートヴィヒ・フォン・ケッヒェルその人である。ケッヒェルは偉大な労力を費やして、散佚していたモーツァルトの手稿や写譜、出版された楽譜などを尋ね歩き、モーツァルトの全作品を年代順に収録したカタログを作製し刊行した（一八六二年初版）。二人の偉大な仕事の成果によって、モーツァルトの足跡は単なる説話の域を脱して学問の世界に入ってきたのである。

この二人は、二人ともに、研究の成果としてモーツァルトの名前がアマデウスではないことを突き止めていた。従って二人ともその偉大な著作には、

ヴォルフガング・アマデ・モーツァルト

と明記しているのである（二二〇ページ参照）。

モーツァルト研究の第一人者であるヤーンとケッヒェルとが〝ヴォルフガング・アマデ〟を確立させたので、このままでいけば彼はその名で呼ばれるようになっていたと思われる。

ところが、二〇世紀になるとザルツブルクのモーツァルテウムに陣取ったアインシュタインらを中心とする学者たちは、ヤーンやケッヒェルの業績がまるでなかったかのように〝アマデ〟ではなく〝アマデーウス〟を使い始め、まるで素知らぬ顔を決めこんだのであった。のみならず彼らはケッヒェルのカタログの誤りを指摘し、彼らによる新番号を作り、K3（ケッヒェル改訂第三版）、Ke（アインシュタインによる新番号）などの符号により新カタログを作り上げたり、

ヤーンの著作の誤りを訂正すると言って、ダイタースとかアーベルト父娘らによる大幅な書き替えや追加が行われた。これらは誤りの訂正というよりも勝手な改竄《かいざん》という冒瀆《ぼうとく》行為にも見える。

彼らがアマデを勝手に廃止してアマデーウスを使い始めたのは、アマデがモーツァルトの私的な造語であって、正規のドイツ語ではないからみっともない――わがドイツの天才にはふさわしくない――という常識的な理由であることは容易に想像できる。

だがモーツァルトはそういう常識とは縁がなかった。天才を常識で斬ろうとするのは誤りのもとである。

ヤーンとケッヒェルの著作の刊行は一九世紀後半のそれぞれ一八五六年と一八六二年であるが、その直後にヨーロッパに大きな変動が起きる。

すなわちプロイセンの主導により、オーストリアを除くドイツ語圏の三〇〇余りの群小国家が集まって統一国家となり〝ドイツ帝国〟を樹立して、プロイセンのヴィルヘルム一世が皇帝を名のったことである。時に一八七一年（明治四年）のことであった。プロイセンのヨーロッパ制覇の野望はフリードリヒ・ヴィルヘルム（在位一七一三―四〇）以来一世紀半に及ぶもので、その首都ベルリンでは市民の数より兵隊の数のほうが多いと言われたこともある。この新興ドイツは「ドイツは世界一」Deutschland, Deutschland, Über Allesという国歌を歌いながら、軍事のみならず文化面でも世界一を目指したが、第一次世界大戦であえなく挫折する。四七年間の夢であった。

ヤーンやケッヒェルの研究によりヴォルフガング・アマデという名前が一旦確定したあとで、二〇世紀の学者たちによって、不条理なアマデーウスという名に改名させられてしまう背景には、そうしたドイツ覇権の成就、ドイツ精神作興の強い意志の存在があると思う。モーツァルトはアマデやアマデーオという〝らしからぬ〟名前を捨てさせられ、本人の知らぬところでアマデーウスに化けてしまったのである。

あとがき

今はモーツァルトといえば、アマデウスということになっているのだが、いつのころからか、私はモーツァルトがアマデウスと署名したことがないのに気がついていた。

二〇一七年の春のこと、岐阜のサラマンカホールの支配人の嘉根《かね》礼子さんに、同ホールのティールームでの午後のひとときに、何かモーツァルトについての話をしてくれないかという依頼を受けて、私の出したテーマの一つが、〝モーツァルトはアマデウスではない〟というもので、その案が彼女に採用されると、私は改めて彼の署名を調べてみた。

自筆の楽譜の署名は、いわゆる〝ケッヒェル・カタログ〟に掲載されているそれぞれの曲の中の Autograph（自筆稿）の欄の Überschrift（上書き）の項目によって調べ、書簡類の署名は Briefe und Aufzeichnungen（書簡と記録）の全集によった。これらはいずれも克明に、あるがままに、モーツァルトの署名を提示してくれている。その調査結果を書き抜いて一覧表にしたのが本書の巻末附録である。ご覧になればわかるように、彼は（ふざけて洗礼名を全部並べて書いた二例〈第一章参照〉を除けば）アマデウスという署名を一度もしたことがない。つまり自分をアマデウスだと思ったことがない。

それなのに、今では、本書の冒頭で紹介したように、すべての辞書に彼の名はヴォルフガング・アマデウス（アマデーウス）と記されている。

実在のモーツァルトは自分の作品に署名するときには、

Amadeo《アマデーオ》 Wolfgango《ヴォルフガンゴ》

あるいは、

Wolfgango《ヴォルフガンゴ》 Amadeo《アマデーオ》

と書き、若いころにはその前に、

Il Signor Cavaliere（騎士）

とローマ法王から叙勲された肩書きをつけて署名していた。

二一歳以降に書いた書簡や雑件の書類の中では、

Wolfgang《ヴォルフガング》 Amade

という署名を使っている。このAmade《アマデ》（é,è）は、イタリア語のAmadeo《アマデーオ》から語尾の“o”を外したものであるが、ファースト・ネームをWolfgangというドイツ語で署名するときに、それに見合うように語尾の“o”を外したものであり、彼にとってはAmadeo《アマデーオ》と同じ意味とウエイトを持っていたと思われる。記録の上で使われ出したのは二一歳の夏、ザルツブルクの大司教に提出した、旅行の許可を申請した書類が最初かと思われ、それ以後の手紙に断続的に見

られるが、同時に父から息子への手紙も、

à Monsieur Wolfgang Amadé Mozart

と上書きされているところを見れば、父は出発前から家庭の中で、息子がミドル・ネームにアマデを使うことを認めていた、つまり親子合意の上の新しい名であったといえよう。親子はこの名で手紙をやりとりし、父が死んだ後もモーツァルトはWolfgang Amade Mozartあるいは W. A. Mozart をドイツ語の署名として使い続けた。すなわち W. A. はヴォルフガング・アマデウスではなく、ヴォルフガング・アマデなのである。

先に述べたように当時から識者はこのことに気がついていたと思われ、有名なケッヒェル・カタログの編著者のルートヴィヒ・フォン・ケッヒェル（一八〇〇―七七）や大部のモーツァルトの伝記を書いたオットー・ヤーン（一八一三―六九）たちは正しく「ヴォルフガング・アマデ・モーツァルト」と記している。

ところが二〇世紀になるといつのまにかこの名は再びアマデウスにすり変えられていた。たとえば少なからぬ影響を与えたアルフレート・アインシュタイン（一八八〇―一九五二）の『モーツァルトその性格と作品』Mozart, his character, his work（New York, 1945）においても、モーツァルトの名はヴォルフガング・アマデウスとなっている。アインシュタインのような碩学の徒が、モーツァルトの署名に気がつかないはずはないのだが、それを敢えて無視して、彼の名をアマデウスと書くのである。それはドイツ人のモーツァルトの名はドイツ語であらねばならぬという、ドイツ人の学者としての愛国心（彼はのちにアメリカに帰化したが生まれはミュンヘンである）のなせる業であろう（ヘンデルはイギリスに帰化してゲオルク・フリードリヒ・ヘンデルから英語のジョージ・フレデリク・ハンデルになったが、ドイツの出版社では今もドイツ語で表記している）。

それではモーツァルトはなぜアマデウスと名のらなかったのか、なぜイタリア語のアマデーオや自製のアマデに固執したのか、それは本書をお読み頂くとして、私とこのアマデーオとを結びつけているのはエドモン・ロスタンの『シラノ・ド・ベルジュラック』の最後の場面である。

剣豪で文豪のシラノは意中の人であるロクサーヌが美青年のクリスティアンに恋をしていると知ると、生前は彼のために恋文を代筆し、彼の亡きあとは修道院に入ったロクサーヌを慰めるために毎週土曜日に巷のニュースを伝えにやってくる。一方でシラノの書いた芝居のセリフはモリエールに剽窃されて喝采されている。かつて彼の仲間であった男も今ではモリエール一座に傭われている。

終幕は暴漢に襲われたシラノが頭に重傷を負うが、それを隠して素知らぬ顔でロクサーヌのもとへ〝週報〟を伝えにくる場面。彼は陽気に冗談を言いながらロクサーヌを笑わせている。と、昔話になり、ロクサーヌがクリスティアンからもらった宝物の恋文をシラノに見せる。シラノは亡きクリスティアンに代わってその手紙を読み始める。いつか、あたりは夕闇が降りて、その暗がりの中でシラノは朗々と読み続ける。気がついたロクサーヌが聞く。「この闇の中で、どうしてお読みになれますの」。このとき彼女は初めて知った。クリスティアンの美文の恋文の実の作者はシラノだったのだ。しかも本人はそれを暗記している。

「あなただったのですね。あなたが私を愛してくださっていた……」

「いや、おれじゃない。クリスティアンがあなたを愛していたのです」

「でも何年も秘めていたことをどうして今、明かされたのですか」

「そうそう。週報の続きがありました。本日シラノ・ド・ベルジュラック氏、暴漢に襲われて死亡……」

どっと倒れるシラノに駆け寄るロクサーヌ。その腕の中で息を引き取るシラノは、自分には何も残っていないが、今夜、天までの道を掃き清めて、だれにも渡さず、塵《ちり》一つつけずに持って行くものが一つだけあるという。「それは?」と聞けばMon panacheと答えて息絶える。辰野隆《たつのゆたか》・鈴木信太郎訳ではここを「おれの心意気だ」と訳している。けだし名訳であろう。パナシュはシラノの軍帽の前飾りだが、それこそはシラノの一生の心意気の象徴である。

敢えて自分の恋をクリスティアンに譲った自分、天下の名セリフをモリエールに取られた自分は「よし、よし、クリスティアンは美男にしてモリエールは天才なりき」なのだが、自分の生涯を貫いた〝心意気〟だけは、それだけは人に渡さず、自分の手に持って昇天するのだ、というのがこの芝居の最後のセリフとなる。

金も要らなきゃ名も要らぬ、というのは日本人の好きなセリフだが、モーツァルトは金も名前も欲しかった。が、人生の歯車は意のように回ってくれなかった。

彼に残されていたのは一四歳のとき以来自分の作品に署名し続けている誇り高い名前……Amadeo

これこそは人に渡さず、天に持参する唯一の宝であった。そのAmadeoが私にはシラノのパナシュに見える。それは決してアマデウスで代用されてはならないのである。

二〇二〇年一月一四日

石井　宏

蛇足

モーツァルトの〝心意気〟だって？　そんなもの彼にあったのか、彼はもっとチャランポランじゃなかったのか、という意見も出るかもしれない。確かに彼はダメ男だと言われても仕様がないところは十分に持っていた。金にもだらしなければ、女にもけじめがなかった。

だが、ある種のことについては極めて強情頑固であった。ある種のことの最初にくるのは彼の「プライド」である。これについては指一本触れさせないところがあり、これに触れるとカッとなって怒るので、マイケル・ケリーはモーツァルトの性格を「火薬のようにすぐ火が点く」と断じている。大司教との争いも、一つには彼が旅行を封じられたのが原因であるが、もっと大きな原因は、やはり、大司教が彼のプライドを傷つけるようなことをしたからである。

たとえば――。

モーツァルトは幼少時代からピアニストとして有名であり、神童伝説のほとんどはピアノに関係がある。しかし教えられなくても覚えてしまったヴァイオリンのほうも名人であった。本書の第六章にもヴァイオリンの天才少年トーマス・リンリーと一日中ヴァイオリンの二重奏を楽しむシーンが登場するが、忘れてならないのは、彼が一七六九年、一三歳で早くもザルツブルクの宮廷オーケストラのコンサート・マスターに就任していることである。これは本職のヴァイオリン奏者であった父も獲得できなかった地位であった。少年のヴァイオリン演奏の腕は自他ともに許すものがあった。

ところがモーツァルトを嫌った大司教ヒエロニムス・フォン・コロレードは、彼を牽制するために、アントーニォ・ブルネッティというナーポリ出身のヴァイオリン奏者を連れてきて宮廷オーケストラの〝音楽監督〟(Hofmusikdirektor)兼コンサート・マスター(Hofkonzert-meister)に任命したのである。すでにコンサート・マスターとしてはモーツァルトがいるのに、その職権を犯すような形でもう一人のコンサート・マスターを作り、その男に音楽監督なる地位を合せ与えた——モーツァルトの上司を作ったのである。これは明らかにモーツァルトに対する嫌がらせ、ないしは面当てで、その顔を逆撫でするような行為であった。彼は第六章にもあるとおり、イタリアで数々の表彰を受け、ローマ法王から騎士の位と勲章を贈られている。そのモーツァルトに「ナーポリに行って音楽学校《コンセルヴァトーリオ》で勉強して来い」という暴言を吐いた大司教は——それだけでもモーツァルトのプライドを傷つけるのに十分であるのに——さらに上積みして、これ見よがしに上役のヴァイオリン弾きを置いたのである。それは一体どういう神経であったのか。

それから一年半、モーツァルトは旅行許可をめぐる争いから、望みどおり、宮廷オーケストラの職をクビになる。しかし就職旅行に出た息子の成果がゼロであるのを見て、父レーオポルトは息子を手もとに呼び戻す決意をする。このときは宮廷オーケストラではなく、教会のオルガン弾きとして呼び戻されるのであるが、いずれにしても屈辱のザルツブルクに戻りたくない彼はさまざまに抵抗する（第一〇章参照）。その手紙の中に次のような宣言がある。

ザルツブルクについて、もう一つ解決しておかねばならない問題があります。それは私が以前のようにヴァイオリンを弾かされることはあり得ないということです。私は、これからはヴァイオリン弾きではありません。オーケストラを指揮することがあってもヴァイオリンではなくピアノを弾きながら指揮もし、アリアの伴奏もします。……（中略）……しまいには大司教はまただれかよそ者を連れてきて私の頭の上に据えることになるでしょう。……

（一七七八年九月一一日付　パリにて父宛ての書簡）

これによれば、彼が一三歳で得たコンサート・マスターの地位には戻らない、これからはヴァイオリンは弾かない、ということなのだが、大司教が「よそ者を連れてきて私の頭の上に据え」たことに対する怒りがその原因であることもはっきりしている。

しかしここで述べられた「ヴァイオリンを弾かない」という宣言は、ふつうに読むとすれば

「もう大司教のいるザルツブルクでは二度とヴァイオリンを弾かないぞ」という意味だと思われるであろう。

しかし、事態はそんなに簡単ではなかった。

どうなったか……、何が起きたか……。

彼は生涯二度とヴァイオリンを弾こうとしなかったのである。

ザルツブルクの宮廷オーケストラのコンサート・マスターを一三歳のときから務め、一四歳のときにはフィレンツェで天才少年トーマス・リンリーと渡り合い、自他ともに許すヴァイオリンの名手だったモーツァルトは、大司教からプライドを踏みにじられたとき、二度とヴァイオリンを手にしない決意をしたのであった。

それは常識では考えることのできない異常な決意である。

ウィーンに出てからのモーツァルトがオーケストラの指揮をしたのはオペラのときだけであったが、そこで彼はピアノを弾きながら指揮をしている。仲間と遊ぶときでも彼はヴァイオリンを手にしない。たとえば《フィガロの結婚》の初演のときにスザンナを受け持った歌姫ナンシー・ストーレスの家で当代切っての作曲家たちによる余興として弦楽四重奏曲が演奏されたときのメンバーは次のようだった。

第一ヴァイオリン　　ヨーゼフ・ハイドン

第二ヴァイオリン　ディッタースドルフ
ヴィオラ　モーツァルト
チェロ　ヴァンハル
演奏の腕前からいえば、当然ヴァイオリンに回るべきモーツァルトが、その役をハイドンとディッタースドルフに譲っている。
あるいは、三重奏曲K四九八という名曲は、ジャカン家の遊びの音楽として作られたもので、フランツィスカ・ジャカン嬢のピアノ、悪友アントン・シュタードラーのクラリネット、モーツァルトのヴィオラで演奏された。モーツァルトがヴァイオリンを弾けば尋常な楽器編成になるところだったが、クラリネットにヴィオラという中音域の楽器二本が並んでいる。それでもモーツァルトはヴァイオリンを弾かない。意地なのである。大司教にコケにされたモーツァルトは、死んでもヴァイオリンは弾かないぞ、と誓ったにちがいないのである。
ヴァイオリンを弾けばいつでも弾けたのに弾かないモーツァルト。
アマデーオをアマデーウスというドイツ語に直すのは簡単なはずなのにアマデーオにこだわり続けたモーツァルト。
それは男の意地であり、美学であった。
それを心意気（Panache）というシラノの言葉で表すとしても許されるであろう。

主な参考文献

Friedrich von Schlichtegroll, *Necrologe, (Johannes Chrysostomus Wolfgang Gottlieb) Mozart* (1793)

Franz Xaver Niemetschek, *Leben des K. K. Kapellmeisters Wolfgang Gottlieb Mozart* (1798)

G. N. von Nissen, *Biographie W. A. Mozart's.* (1828)

Lorenzo Da Ponte, *Memorie di Lorenzo Da Ponte* (1823)

Michael Kelly, *Reminiscences* (1826)

Charles Burney, *Memoirs of the Life and Writings of the Abate Metastasio: In which are Incorporated, Translations of His Principal Letters* (1796)

Otto Jahn / P. D. Townsend, *Life of Mozart* (1891)

Ludwig Ritter von Köchel, *Chronologisch-thematisches Verzeichniss sämtlicher Tonwerke Wolfgang Amadé Mozarts* (1862)

O. E. Deutsch, *Mozart: Die Dokumente seines Lebens* (1961)

Gesamtausgabe Mozarts: Briefe und Aufzeichnungen I～IV (1962 ～ 1963)

A. Einstein, *Mozart, his character, his work* (1945) ＊

E. J. Dent, *Mozart's Operas* (1913/47) ＊

P. Barbier, *Histoire des Castrats* (1989) ＊

Charles Burney, *The present state of music in France and Italy: or, The journal of a tour through those countries, undertaken to collect materials for a general history of music* (1773)

E. Schenk, *Mozart and his times* (1960)

Peter Shaffer, *Amadeus* (1980) ＊

H. C. Robbins Landon, *The Mozart almanac* (1990) ＊

Alan Tyson, *Mozart: Studies of the Autograph Scores* (1987)

Sheila Hodges, *Lorenzo Da Ponte: The Life and Times of Mozart's Librettist* (1985)

Maynard Solomon, *Mozart: A Life* (1995)

E. T. A. Hoffmann, *Fantasie und Nachtstücke: Fantasiestücke in Callots Manier, Nachstücke, Seltsame Leiden eines Theater-Directors* (1960)

＊は邦訳本があるもの

〈巻末附録〉 モーツァルトの生涯の署名一覧

署名一覧について

モーツァルトは生涯に一度もアマデーウスという署名をしなかった。では何と名のっていたか、その答えがこの一覧表である。署名はおびただしい数の作品と手紙に残されている。その署名は、少年期には（イタリア旅行の前までは）、ヴォルフガングという彼の〝ファースト・ネーム〟だけが多く、時にモーツァルトを付けている。

1777年（21歳）にザルツブルクを離職して就職先を求める旅行に出るときから、手紙における署名は「ヴォルフガング・アマデ」Wolfgang Amadé という新型になる。この新しい名前については、すでに父レーオポルトも承知していた。というのは息子の出発が9月23日で、後を追うようにして父親が手紙を出すのが9月25日であるが、その父親の最初の手紙の宛先がすでに「A Monsieur Wolfgang Amadé Mozart Maître de Musique」とはっきり書かれているからである。息子はドイツ語で手紙を書き署名するときに、自分のファースト・ネームを親からもらったWolfgangと書き、そのあとに愛するイタリアからもらったAmadeoと書きたいのだが、ドイツ語のWolfgangと釣り合うように語尾のoをカットしてAmadéという新語を作り出したのである（語尾にoがなければイタリア語に見えない）。

手紙とは別に自分の作品の表紙などに、曲名、作曲の日時、署名を書き入れる作業があるが、その〝表書き〟の署名にはこの「ヴォルフガング・アマデ」という新造語を使ったことはない。それは一貫して「アマデーオ・ヴォルフガンゴ」または「ヴォルフガンゴ・アマデーオ」であり、若い頃はその前に騎士の肩書きを表す「il Signor Cavaliere」がついている。

このイタリア式署名は作品の表書にはイタリア旅行以降は生涯一貫して使われた。つまりヴォルフガング・アマデというチャンポン語の署名が、手紙というプライヴェイトな空間の中のものとすれば、それとは別に作品の上に記す表向きの顔は、ヴォルフガンゴ・アマデーオであったのである（いずれにしてもアマデーウスという表記は存在しない）。成人後のモーツァルトは「ヴォルフガング・アマデ」か「ヴォルフガンゴ・アマデーオ」であった。彼は誇りを持ってそう書いた。

作品における署名

K番号	日付	曲名	作曲者名の表記
45	1768·1·16	Sinfonia	di Sigre. Wolfgang Mozart
46d	1768·9·1	Sonata I	di Wolfgang Mozart
49	1768	Mißa brevis	di Wolfgang Mozart
48	1768·12·13	Sinfonia	di W: Mozart
65	1769·1·14	Mißa brevis	di Wolfgango Mozart
80	1770·3·15	Quarteto	di amadeo Wolfgango Mozart
83	1770	Aria Se tutti i mali miei	di amadeo Wolfgango Mozart
85	1770	Miserere à 3	Del Sgr: Cavaliere Wolfgango Amadeo Mozart (Leopold Mozart)
86	1770·10·9	(Antiphon)	Amadeo Wolfgango Mozart mp.
118	1771	Betulia liberata	Di Wolfgango Amadeo Mozart
108	1771·5	Regina Coeli:ec.	del Sgr. Cavaliere Amadeo Wolfg. Mozart
109	1771·5	Litaniae	Del Sgr: Cavaliere Amadeo Wolfgango Mozart
110	1771·7	Sinfonia	del Sgr. Cavaliere Amadeo Wolfg. Mozart
107	1771	Tre Sonate del Sgr: Giovanni Bach	ridotte in Concerti dal Sgr. Amadeo Wolfgango Mozart
111	1771	(Ascanio in Alba)	del Sgr. Cavaliere Amadeo Wolfg. Mozart
112	1771·11·2	Sinfonia	del Sig:re Cavaliere Amadeo Wolfgango Mozart (Leopold Mozart)
113	1771·11	Concerto ò sia Divertimento à 8	del Sgr. Cavaliere Amadeo Wolfgango Mozart
114	1771·12·30	Sinfonia	del Sgr. Cavaliere Amad. Wolfg. Mozart
124	1772·2·21	Sinfonia	del Sigr. Cavaliere Wolfgango Amadeo Mozart
125	1772·3	Lytaniae de venerabili &c	Del Sgn. Cavaliere Amadeo Wolfg. Mozart
136	1772	(Divertimento)	di Wolfgango Amadeo Mozart
137	1772		
138	1772		
127	1772·5	Regina Coeli	Del Sgr. Caval. Amadeo Wolfgango Mozart
128	1772·5	Sinfonia	di Amadeo Wolfgango Mozart
129	1772·5	Sinfonia	del Sgr: Cavaliere Amadeo Wolfgango Mozart
130	1772·5	Sinfonia	del Sgr: Cavaliere Amadeo Wolfg: Mozart
164	1772·6	6 Menuetti	di Wolfgango Amadeo Mozart
131	1772·6	Divertimento	di Wolfg: Amadeo Mozart
132	1772·7	Sinfonia	del Sgr: Cavaliere Amadeo Wolfgango Mozart
133	1772·7	Sinfonia	del Sgr: Cavaliere Amadeo Wolfgango Mozart
134	1772·8	Sinfonia	del Sgr. Caval: Amadeo Wolfg: Mozart
135	1772·10〜12	Lucio Silla Dramma per Musica	del Sigre Cavaliere Amadeo Wolfgango Mozart, Accademico di Bologna e di Verona
165	1773·1	Motetto	del Sgr. Cavaliere Amadeo Wolfgango Mozart Academico di Bologna e di Verona
184	1773·3·30	(Sinfonia)	Del Sigr: Cavaliere Amadeo Mozart
199	1773·4	Synfonia	del Sig.r Caval. Amadeo Wolfg: Mozart
162	1773·4	Sinfonia	di Wolfgango Amadeo Mozart
181	1773·5·19	Sinfonia	di Wolfgango Mozart
167	1773·6	Missa in honorem SSmae Trinitatis	Del Sgr. Cavaliere Amadeo Wolfgango Mozart

K番号	日付	曲名	作曲者名の表記
185	1773·7〜8	Serenata	del Sgr: Cavaliere Amadeo Wolfgango Mozart accademico di Bologna e di Verona
168	1773·8	Quartetto 1°.6 Quartetti	del Sgr: Caval: Amadeo Wolfgango Mozart
170	1773·8	Quartetto III	di Wolfgango Amadeo Mozart
171	1773·8	Quartetto	del Sgr. Caval. Amadeo Wolfgango Mozart
173	1773·9	Quartetto	del Sgr. Cav. Amadeo Wolfg. Mozart
182	1773·10·3	Sinfonia	del Sigr. Cavaliere Wolfgango Amadeo Mozart
183	1773·10·5	(Sinfonia)	del Sgr: Cavaliere Amadeo Wolfgango Mozart
174	1773·12	Quintetto	del Sgr. Cavaliere Amadeo Wolfgango Mozart
175	1773·12	Concerto per il Clavicembalo	del Sgr. Cavaliere Amadeo Wolfgango Mozart
176	1773·12	16 Menuetti	di Wolfgango Amadeo Mozart
201	1774·4·6	Sinfonia	di Wolfgang Amadeo Mozart
202	1774·5·5	Sinfonia	di Wolfgango Amadeo Mozart
195	1774·5	(Litaniae Lauretanae)	di Wolfgango Mozart mp.
190	1774·5·31	Concertone	di Wolfgango Amadeo Mozart
192	1774·6·24	Missa Brevis	di Wolfgango Amadeo Mozart
193	1774·7	Dixit	di Wolfgango Amadeo Mozart
194	1774·8·8	Missa Brevis	di Wolfgango Amadeo Mozart
203	1774·8	Serenata	del Sgr: Caval: Amadeo Wolfgango Mozart
200	1774·11·17?	Sinfonia	di Wolfgango Amadeo Mozart
196	1774·9〜	La finta Giardiniera, Atto II(第2幕)	del Sgr. Amadeo Wolfgango Mozart
207	1775·4·14	Concerto à violino solo	di Amadeo Wolfgango Mozart
208	1775·4·23	(Il Rè pastore)	del Sgr. Cavaliere Amadeo Wolfgango Mozart
209	1775·5·19	Aria	del Sigr. Cav. Amadeo Wolfgango Mozart
210	1775·5	Aria Buffa	di Wolfgango Amadeo Mozart mp.
211	1775·6·14	Concerto di Violino	di Wolfgango Amadeo Mozart mp.
212	1775·7	(Kirchen) Sonata	di Wolfgango Amadeo Mozart
213	1775·7	Divertimento Imo à 6	del Sgr. Cav. Amadeo Wolfgango Mozart
204	1775·8	Serenata	di Wolfgango Amadeo Mozart mpr.
215	1775·8	Marcia	di Wolfg: Amadeo Mozart
214	1775·8·20	Marcia	di Wolfgango Amadeo Mozart
216	1775·9·12	Concerto di Violino	di Wolfgango Amadeo Mozart mp.
217	1775·10·26	Aria	del Sgr. Cavaliere Amadeo Wolfgango Mozart
218	1775·10	Concerto per il Violino	del Sgr. Cavaliere Amadeo Wolfgango Mozart
219	1775·12·20	Concerto di Violino	di Wolfgango Amadeo Mozart
238	1776·1	Concerto di Cembalo	Del Sgr. Cav: Amadeo Wolfg: Mozart mp.
239	1776·1	Serenada Notturna	di Wolfgango Amadeo Mozart
240	1776·1	Divertimento IIdo à 6	di Amadeo Wolfg. Mozart
188	1776	(Divertimento)	Del Sgr. Cav. Amadeo Wolfgango Mozart
241	1776·1	(Kirchen Sonate)	di Amadeo Wolfgango Mozart mp.
242	1776·2	Originale del Concerto à 3 Cembali	di Amadeo Wolfgango Mozart
243	1776·3	Lytaniae de Venerabili etc.	Del Sgr. Caval. Amadeo Wolfgango Mozart
244	1776·4	(Kirchen) Sonata	di Amadeo Wolfg: Mozart

K番号	日付	曲名	作曲者名の表記
246	1776·4	(Concerto)	di Amadeo Wolfgango Mozart mpr.
247	1776·6	Divertimento à 6 Strom	Di Amadeo Wolfgango Mozart
248	1776·6	Marcia à Due Violini Soli	di Amadeo Wolfg. Mozart
260	1776	Offertorium de Venerabili	di Wolfgango Amadeo Mozart mp.
250	1776·7	Serenata	del Sgr: Caval: Amadeo Wolfg: Mozart
249	1776·7·20	Marcia	di Amadeo Wolfg. Mozart
251	1776·7	Divertimento à 7 stromenti	Di Amadeo Wolfgango Mozart
253	1776·8	Divertimento IV	del Sigr. Caval. Amadeo Wolfg. Mozart
254	1776·8	Divertimento à 3	Del Sgr. Caval. Amadeo Wolfgango Mozart
255	1776·9	Recit: ed Aria en Rondeau	del. Sgr. Caval: Amadeo Wolfgango Mozart
256	1776·9	Aria	del Sgr: Caval: Amadeo Wolfgango Mozart
257	1776·11	(Missa)	Del Sgr: Caval: Amadeo Wolfgango Mozart
259	1776·12	(Missa brevis)	Del Sigr. Caval: Amadeo Wolfg: Mozart
261	1776	Adagio	Di Amadeo Wolfgango Mozart
270	1777·1	V^{o} Divertimento à 6	di Amadeo Wolfg. Mozart
271	1777·1	Concerto per il Clavicembalo	del Sgr. Caval. Amadeo Wolfgango Mozart
272	1777·8	Scena	di Amadeo Wolfgango Mozart
273	1777·9·9	Sancta Maria	Di Wolfgango Amadeo Mozart mp.
285	1777·12·25	Quartetto	di Wolfgango Amadeo Mozart
294	1778·2·24	(Alcandro, lo confesso)	di Amadeo Wolfgango Mozart mpr.
295	1778·2·27	Aria per il Sig:^{re} Raff	die Amadeo Wolfgango Mozart mpr.
296	1778·3·11	Sonata	di Wolfgango Amadeo Mozart
297	1778·6·12	Sinfonia à 10 instrumenti	di Wolfgango Amadeo Mozart mpr.
316	1779·1·8	Scena, per la Sgra. Weber	di Wolfgango Amadeo Mozart mpr.
310	1778	Sonata	di Wolfgango Amadeo Mozart
333	1778	Sonata	di Wolfgango Amadeo Mozart mpr.
317	1779·3·23	(Missa)	del Signor Amadeo Wolfgango Mozart
318	1779·4·26	(Sinfonia)	di Wolfgango Amadeo Mozart mpr.
319	1779·7·9	(Sinfonia)	di Wolfgango Amadeo Mozart mpr.
320	1779·8·3	(Serenata)	di Wolfgango Amadeo Mozart mpr.
321	1779	(Vesperae de Confessore)	di Wolfgango Amadeo Mozart mpa.
336	1780·3	Sonata	di Wolfg. Amadeo Mozart
337	1780·3	Missa	di Wolfg: Amadeo Mozart
338	1780·8·29	Sinfonia	di Wolfgango Amadeo Mozart mpr.
339	1780	(Vesperae)	di Wolfgango Amadeo Mozart mpr.
370	1781	Quarttetto	Par Mr Wolfgang Amadeo Mozart
369	1781·3·8	Scena 7	Di Wolgango Amadeo Mozart mp.
372	1781·3·24	Sonata I	di Wolfgango Amadeo Mozart mp.
448	1781·11?	(Sonata)	Di Wolfgango Amadeo Mozart mp.
383	1782·4·10	(Aria)	di Wolfgango Amadeo Mozart
408/1	1782	Marcia	di Wolfgango Amadeo Mozart mp.
388	1782	Serenada	di Wolfgango Amadeo Mozart mp.
385	1782·7	Synfonia	di Amadeo Wolfgango Mozart

K番号	日付	曲名	作曲者名の表記
408/2	1782	Marcia	di Wolfg: Amadeo Mozart
387	1782·12·31	Quartetto	di Wolfgango Amadeo Mozart mp.
416	1783·1·8	per la Sigra Lange. Recitativo con Rondo	di Wolfgango Amadeo Mozart
417	1783·5·27	(Horn Concerto)	Wolfgang Amadé Mozart
427	1782~83	(Missa)	Di Wolfgango Amadeo Mozart
418	1783·6·20	Conte pazienza per la Sig.^{ra} Lange	di Amadeo Wolfgango Mozart mp.
420	1783·6·21	per il Sig.^{re} Adamberger	di Wolfgango Amadeo Mozart mpr.
426	1783·12·29	Fuga à Due Cembali	di Wolfgango Amadeo Mozart mpa.
447	1783	Concerto per il Corno Solo	di Wolfgango Amadeo Mozart
461	1784	(6 Menuetti)	di Wolfgango Amadé Mozart mpr.
449	1784·2·9	(Concerto) per la Sig^{ra} Barbara de Ployer	Di Wolfgango Amadeo Mozart
453	1784·4·12	(Concerto) per la Sigra Barbara Ployer	Di Wolfgango Amadeo Mozart
466	1785·2·10	Concerto	Di Amadeo Wolfgango Mozart
467	1785·3·9	(Concerto)	Di Wolfgango Amadeo Mozart
478	1785·10·16	Quartetto	di Wolfgango Amadeo Mozart mp.
479	1785·11·5	Quartetto. Atto 2do scena XIII	di Wolfgango Amadeo Mozart mp.
480	1785·11·21	Terzetto. scena XII	di Wolfgango Amadeo Mozart mp.
482	1785·12·16	Concerto per il Cembalo	Di Wolfgango Amadeo Mozart mp.^{ia}
411	1785·?	(Adagio)	di Wolfgango Amadeo Mozart mpr.
486	1786·2·3	(Der Schauspieldirektor)	di Wolfgango Amadeo Mozart mp.
487	1786·7·27	(12 Duo)	Di Wolfgang Amadé Mozart mp.
501	1786·11·4	Andante	di W. A. Mozart mp.
505	1786·12·26	Recitativo con Rondò. Composto per la Sig^{ra} Storace	dal suo servo ed amico W. A. Mozart
509	1787·2·6	6 Tedeschi.	di W: A: Mozart mpr.
511	1787·3·11	Rondò	di W. A. Mozart
512	1787·3·19	Per il Sgr. Fischer	di Wolfgango Amadeo Mozart mpr.
516	1787·5·16	Quintetto	di Wolfgango Amadeo Mozart mp.
521	1787·5·29	(Sonata)	W. A. Mozart mp.
526	1787·8·24	Sonata per Piano-forte e Violino	di W. A. Mozart mpr.
528	1787·11·3	per la Sig^{ra} de Douschek	di W: A: Mozart mpa.
571	1789·2·21	6 Teutsche	di Wolfgango Amadeo Mozart mp.
575	1789·6	Quartetto	di Wolfgango Amadeo Mozart mp.
579	1789·8·?	(Aria)	di Wolfgango Amadeo Mozart mpr.
612	1791·3·8	(Aria)	di Wolfgango Amadeo Mozart
614	1791·4·12	Quintetto à 2 Violini, 2 Viole e Violoncello	di Wolfgango Amadeo Mozart
616	1791·5·4	Andante	di Wolfgango Amadeo Mozart
618	1791·6·17	Ave verum Corpus	di Wolfgango Amadeo Mozart mp.
619	1791·7	(Kleine deutsche Kantate)	Von Wolfgang Amadé Mozart mp.
623	1791·11·15	(Freimauerer Kantate)	W. A. Mozart

手紙における署名

日付	宛先	署名
1769	姓名不明	Wolfgang Mozart
1770		
1·7	Nannerl Mozart	Wolfgang Mozart
1·26	Nannerl Mozart	Wolfgang de Mozart
2·10	(Nachschrift)	Wolfgang in Teütschland Amadeo in italien De Mozartini
3·3	Nannerl Mozart	Wolfgang Mozart.
4·14	(Nachschrift)	Wolfgang Mozart hinauf gehebt
4·25	Nannerl Mozart	Wolgango in germania e amadeo Mozart in italia.
5·2	(Nachschrift)	Wolgango Mozart
5·19	Nannerl Mozart	Wolfgang Mozart
5·29	Nannerl Mozart	Wolfgango Amadeo Mozart.
6·5	Nannerl Mozart	Wolfgang Mozart
7·7	Nannerl Mozart	Wolfgang Mozart.
7·7	(Nachschrift)	chevalier de Mozart.
7·21	Maria Anna Mozart	Wolfgang Mozart
7·28	Nannerl Mozart	Wolfgango amadeo Mozart
7·28	Lorenz Hagenauer	Wolfgango amadeo Mozart.
8·4	Nannerl Mozart	Wolfgang Mozart
8·21	Nannerl Mozart	Wolfgang Mozart
9·8	Nannerl Mozart	Wolfgang Mozart.
9·10	Thomas Linley	Amadeo Wolfgango Mozart.
9·22	Nannerl Mozart	C: W: Mozart
9·29	(Nachschrift)	Wolfgang Mozart
10·6	Nannerl Mozart	Wolfg: Mozart
10·27	Nannerl Mozart	Wolfgang Mozart.
11·3	Nannerl Mozart	wolfgang Mozart
12·1	Nannerl Mozart	Wolfgang Mozart
1771		
2·13	J.B. Hagenauer	Wolfgango Amadeo Mozart
3·25	Nannerl Mozart	Wolfgang Mozart
8·16	(Nachschrift)	Wolfgang Mozart.
8·18	Nannerl Mozart	Wolfgang.
8·24	Nannerl Mozart	Wolfgang
8·31	Nannerl Mozart	Wolfgang.

日付	宛先	署名
9·21	Nannerl Mozart	wolfgang.
10·5	Nannerl Mozart	Wolfgang.
10·26	Nannerl Mozart	Wolfgang
11·9	Nannerl Mozart	wolfgang
11·24	Nannerl Mozart	Wolfgang
11·30	Nannerl Mozart	Wolfgang
1772		
11·7	Nannerl Mozart	amadeo Wolfgango Mozart
11·21	Nannerl Mozart	Mozart Wolfgang *1
12·18	Nannerl Mozart	Wolfgang
1773		
8·12	Nannerl Mozart	W. M.
8·14	Nannerl Mozart	Wolfgang Mozart.
8·21	Nannerl Mozart	gnagflow Trazom.（転倒）
9·15	Nannerl Mozart	Wolfgang.
1775		
1·11	Maria Anna Mozart	Wolfgang.
1776		
5·5（実際は1775·1·18）	Nannerl Mozart（実際は母親宛）	franz v: Nasenblut.（Nasenblutは鼻血の意）
9·4	Padre Martini	Wolfgango Amadeo Mozart.
1777		
8·1	H. von Colloredo（大司教）	Wolfgang Amade Mozart.
9·23	Leopold Mozart	Wolfgang Amadé Mozart
9·26	Leopold Mozart	Wolfg: Amadé Mozart
9·29/30	Leopold Mozart	Wolfgang Amadé Mozart
10·2/3	Leopold Mozart	Wolfgang gehorsamster dero Amadé Mozart sohn.
10·6	Leopold Mozart	Wolfgang Amadé Mozart.
10·11	Leopold Mozart	Wolfgang Mozart
10·14	Leopold Mozart	Wolfgang Mozart
10·16/17	Leopold Mozart	Wolfgang Amadé Mozart/ W: A: Mozart
10·17	Leopold Mozart	W: A. Mozart.
10·23~25	Leopold Mozart	Wolfgang Amadé Mozart

日付	宛先	署名
10·31	Leopold Mozart	Joannes Chrisostomus Sigismundus Wolfgang gottlieb Mozart.
11·4	Leopold Mozart	Wolfgango Amadeo Mozart
10·5（実際は11月5日）	M. A. Thekla Mozart	Wolfgang Amadé Rosenkranz.
11·8	Leopold Mozart	wolfgang Amadé Mozart
11·13	Leopold Mozart	Wolfgang Amadè Mozart
11·13	M. A. Thekla Mozart	Wolfg: Amadé Mozart
11·14	Leopold Mozart	Wolfgang gottlieb Mozart
11·20	Leopold Mozart	Wolfgang Amadé Mozart
11·22	Leopold Mozart	Wolfgang Amadé Mozart
11·26	Leopold Mozart	Wolfgang Amadé Mozart
11·29	Leopold Mozart	Wolfgang Amadé Mozart
12·3	Leopold Mozart	Wolfgang Amadé Mozart
12·3	Maria Anna Thekla Mozart	W. A. Mozart
12·6/7	Leopold Mozart	Wolfg: Amadé Mozart
12·10	Leopold Mozart	Wolfgang Amade Mozart
12·14	Leopold Mozart	Wolfgang Amadé Mozart
12·18	Leopold Mozart	Wolfgang Amadé Mozart
12·20	Leopold Mozart	Wolfgang Amadè Mozart
12·27	Leopold Mozart	Wolfgang Amadé Mozart
1778		
1·4	Leopold Mozart	Wolf: Mozart *2
1·10/11	Leopold Mozart	Wolfgang Mozart *2
1·17	Leopold Mozart	Wolfgang Amadè Mozart.
1·31	Maria Anna Mozart	Trazom.（転倒）
2·4	Leopold Mozart	Wolfgang Amadé Mozart.
2·7	Leopold Mozart	WMzt
2·14	Leopold Mozart	Wolfgang gottlieb Mozart
2·19	Leopold Mozart	wolfgang Amadé Mozart
2·22	Leopold Mozart	Wolfgang Amadé Mozart
2·28	Leopold Mozart	Wolfgang Mozart
2·28	Maria Anna Thekla Mozart	Wolfgang Amadé Mozart
3·7	Leopold Mozart	wolfgang Mozart
3·7	Nannerl Mozart	wolfgang Amadè Mozart

日付	宛先	署名
3·11	Leopold Mozart	Wolfgang Amadé Mozart
3·24	Leopold Mozart	Wolfgang Amadè Mozart
4·5	Leopold Mozart	Wolfgang Amadè Mozart
5·1	Leopold Mozart	Wolfgang Amadè Mozart
5·14	Leopold Mozart	Wolfgang Amadè Mozart
5·29	Leopold Mozart	WoAMozart
6·12	Leopold Mozart	Wolfgang Amadè Mozart
7·3	Leopold Mozart	Wolfgang Amadè Mozart
7·3	Joseph Bullinger	Wolfgang Amadè Mozart.
7·9	Leopold Mozart	Wolfgang Amadè Mozart
7·18	Leopold Mozart	Wolfgang Amadè Mozart
7·20	Nannerl Mozart	W. Mozart
7·29	Fridolin Weber	Mozart
7·30	Aloysia Weber	WAMozart
7·31	Leopold Mozart	Wolfgang Amadè Mozart
7·31	Nannerl Mozart	Wolfgang Mozart
8·7	Joseph Bullinger	Wolfgang Romatz.（組替え）
8·27	Leopold Mozart	Wolfgang Mozart
9·11	Leopold Mozart	Wolfgang Amadè Mozart
10·3	Leopold Mozart	Wolfgang Amadè Mozart
10·15	Leopold Mozart	Wolfgang Amadè Mozart
10·26	Leopold Mozart	Wolfgang Mozart
11·12	Leopold Mozart	Wolfgang Amadè Mozart
11·24	Heribert von Dalberg	Wolfgang Amadè Mozart
12·3	Leopold Mozart	Wolfgang Amadè Mozart
12·18	Leopold Mozart	Wolfgang Amadè Mozart
12·23	Maria Anna Thekla Mozart	W: A（このあと不明）
12·29	Leopold Mozart	Wolfgang Amadè Mozt
12·31	Leopold Mozart	Wolfgang Amadè Mzt
1779		
1·8	Leopold Mozart	W A Mozart
1709·5·10（1779）	Maria Anna Thekla Mozart	Adieux - Engel
1780		
11·8	Leopold Mozart	Wolf: Amdè Mozart
11·13	Leopold Mozart	Wolf. Amd. Mozart

日付	宛先	署名
11·15	Leopold Mozart	Wolf Am: Mozart
11·22	Leopold Mozart	Wolfgang Amadè Mozart
11·24	Leopold Mozart	Wolfgang Amadè Mozart
12·1	Leopold Mozart	Wolfgang Amadè Mozart
12·5	Leopold Mozart	Wolfg. Amadè Mozart
12·13	Leopold Mozart	Wolfg: Mozart
12·16	Leopold Mozart	Wolfgang Amadé Mozart
12·19	Leopold Mozart	Wolf. Amde: Mzt
12·27	Leopold Mozart	Wolfg: Amd: Mozart
12·30	Leopold Mozart	Wolfgang Amadè Mozart
1781		
1·3	Leopold Mozart	Wolfg: Amad: Mozart
1·10/11	Leopold Mozart	Wolf: Amd: Mozart
1·18	Leopold Mozart	W: A: Mzt
3·17	Leopold Mozart	Wolfgang Amadè Mozart
3·24/28	Leopold Mozart	Wolfg: Amadè Mozart
4·4	Leopold Mozart	Wolfg Amadè Mozart
4·8	Leopold Mozart	W. A: Mozart
4·11	Leopold Mozart	W. A: Mzt
4·18	Leopold Mozart	W: A: Mzt
4·28	Leopold Mozart	W: A: Mozart
5·9	Leopold Mozart	W: A: Mozart
5·12	Leopold Mozart	Wolfgang Amadè Mozart
5·12	Leopold Mozart	Wolfgang Amadè Mozart
5·16	Leopold Mozart	W: A: Mzt
5·19	Leopold Mozart	Wolfgang Amadè Mozart
5·26	Leopold Mozart	Wolfgang Amadè Mozart
5·26 ~6·2の間	Leopold Mozart	Wolfgang Am〔a〕dè Mozart
6·2	Leopold Mozart	Wolfgang Amadè Mozart
6·9	Leopold Mozart	Wolfgang Amadè Mozart
6·13	Leopold Mozart	Wolfgang Amadè Mozart
6·16	Leopold Mozart	W: A: Mzt
6·27	Leopold Mozart	Wolfg. Amadé Mozart
7·4	Leopold Mozart	Wolfgang Amadè Mozart
7·4	Nannerl Mozart	Wolfgang Amadè Mozart
7·13	Leopold Mozart	Wolfgang Amadè Mozart
7·25	Leopold Mozart	Wolfgang Amadè Mozart
8·1	Leopold Mozart	Wolf: Amadè: Mozart

日付	宛先	署名
8·8	Leopold Mozart	W. A: Mzt
8·22	Leopold Mozart	W: A: Mozart
8·29	Leopold Mozart	Wolfgang Amadè Mozart
9·5	Leopold Mozart	W: A: Mzt
9·12	Leopold Mozart	W: A: Mozart
9·19	Nannerl Mozart	W: A: Mozart
9·19以降?	Leopold Mozart	W. A. Mzt
9·26	Leopold Mozart	W: A: Mozart.
10·6	Leopold Mozart	W: A: Mozart
10·13	Leopold Mozart	W. A. Mozart
10·23	Maria Anna Thekla Mozart	Wolfgang Amadè Mozart
10·24	Leopold Mozart	W: A: Mozart
11·3	Leopold Mozart	W: A: Mozart
11·10	Leopold Mozart	W: A. Mozart
11·17	Leopold Mozart	W: A: Mozart
11·24	Leopold Mozart	W: A: Mozart
12·5	Leopold Mozart	W: A: Mozart
12·15	Leopold Mozart	W: A: Mozart
12·15	Nannerl Mozart	W. A. Mozart.
12·15	Nannerl Mozart	W: A: Mozart
12·22	Leopold Mozart	W: A: Mzt
1782		
1·9	Leopold Mozart	W: A: Mozart
1·12	Leopold Mozart	W: A: Mozart
1·16	Leopold Mozart	W: A: Mozart
1·23	Leopold Mozart	W: A: Mozart
1·30	Leopold Mozart	W: A: Mozart
2·13	Nannerl Mozart	W. A: Mozart
3·23	Leopold Mozart	署名は切り取られている
4·10	Leopold Mozart	W: A: Mozart
4·20	Nannerl Mozart	W. A: Mozart
4·29	Constanze Weber	Mozart
5·8	Leopold Mozart	W: A: Mzrt
5·29	Leopold Mozart	W: A: Mozart
7·20	Leopold Mozart	W: A: Mozart
7·24	Nannerl Mozart	W: A: Mozart
7·27	Leopold Mozart	W. A. Mozart
7·31	Leopold Mozart	W: A. Mozart
8·4?	Baronin von Waldstätten	W: A: Mozart

日付	宛先	署名
8·7	Leopold Mozart	W. A. Mozart
8·17	Leopold Mozart	W: A: Mozart
8·24	Leopold Mozart	W. A. Mozart
8·31	Leopold Mozart	Wolfgang und konstanze Mozart
9·11	Leopold Mozart	konstanze und Mozart
9·25	Leopold Mozart	W: A: und M: C: Mozart
9·28	Baronin von Waldstätten	Mozart
10·2	Baronin von Waldstätten	Mozart magnus, corpore parvus et Constantia, omnium uxorum pulcherrima et prudentißima.
10·5	Leopold Mozart	W: A: Mozart
10·12	Leopold Mozart	W: Et C: Mozart
10·19	Leopold Mozart	M: C: et W: A: Mozart
10·26	Leopold Mozart	W und C. Mozart
11·13	Leopold Mozart	W: Et C: Mozart
11·20	Leopold Mozart	W: et C: Mozart
12·21	Leopold Mozart	W: et C: Mozart
12·28	Leopold Mozart	W: et C: Mzt
1783		
1·4	Leopold Mozart	W. et C: Mozart
1·8	Leopold Mozart	W et C Mozat
1·22	Leopold Mozart	W: Et C: Mozart
2·5	Leopold Mozart	W: et C: Mozart
2·15	Leopold Mozart	W: A: Mozart
2·15	Baronin von Waldstätten	W. A. u. C. Mozart
3·12	Leopold Mozart	W: A: et C: Mozart
3·29	Leopold Mozart	W: A: Mozart
4·3	Leopold Mozart	W: A: et C: Mozart
4·12	Leopold Mozart	W: Et C: Mozart
4·26	J. G. Sieber	Wolfgang Amadè Mozart
5·3	Leopold Mozart	W. A: und C: Mozart
5·7	Leopold Mozart	W: A: Mozart
5·21	Leopold Mozart	W. Et C: Mozart
6·7	Leopold Mozart	W: et C: Mozart
6·18	Leopold Mozart	W: A: C: Mozart
6·21	Leopold Mozart	W: A et C: Mozart.
7·2	Leopold Mozart	W. A: C: Mozart
7·5	Leopold Mozart	W: C: Mozart.
7·12	Leopold Mozart	W: A C: Mozart
7·19	Marguerite Marchand	W: A: Mozart
7·31	Nannerl Mozart	W. A. Mozart m/p.
10·31	Leopold Mozart	W. A: Mozart
12·6	Leopold Mozart	W: et C: Mozart
12·10	Leopold Mozart	W: et C: Mozart
12·24	Leopold Mozart	W et C: Mozart
1784		
2·10	Leopold Mozart	W: et C: Mozart
2·20	Leopold Mozart	W: et C: Mozart
3·3	Leopold Mozart	W: A: Mozart
3·20	Leopold Mozart	W: A. Mozart
4·10	Leopold Mozart	Mozart
4·28	Leopold Mozart	W C: Mozart
5·8	Leopold Mozart	W. A. Mozart.
5·15	Leopold Mozart	W. & C. Mozart
5·26	Leopold Mozart	W. et C. Mozart
6·9	Leopold Mozart	W. et C: Mozart
7·21	Nannerl Mozart	W: A: C: Mozart
8·18	Nannerl Mozart	W: A: Mozart
1785		
5·21	Anton Klein	W: A: Mozart
9·1	Joseph Haydn	(献辞)W. A. Mozart
11·20	F. A. Hoffmeister	Mzt
1786		
1·14	(不明)	Mozart
7·8	Nikolaus Joseph von Jacquin	Mozart
8·8	Sebastian Winter	Wolfgang Amadè Mozart.
9·30	Sebastian Winter	Wolfgang Amadè Mozart
1787		
年初?	(不明)	Mozart
1·15	Gottfried von Jacquin	Mozart
4·4	Leopold Mozart	W. A. Mozart.
5末?	Gottfried von Jacquin	Mozart m/p
6·2	Nannerl Sonnenburg *3	W. A. Mozart
8·1	Nannerl Sonnenburg	W. A. Mozart

日付	宛先	署名
9・29	Nannerl Sonnenburg	W: A: Mozart
10・15	Gottfried von Jacquin	W: A: Mozart
11・4	Gottfried von Jacquin	W: A: Mozart
12・19	Nannerl Sonnenburg	W: A: Mozart
1788		
6・?	Michael Puchberg	W. A. Mozart.
6・17	Michael Puchberg	W: A: Mozart
6・27	Michael Puchberg	W. A. Mozart
7・?	Michael Puchberg	Mozart
8・2	Nannerl Sonnenburg	W: A: Mozart
1789		
3・?	Franz Hofdemel	Mozart
4・8	Constanze Mozart	Mozart.
4・10	Constanze Mozart	Mozart
4・13	Constanze Mozart	W: A: Mozart
4・16	Constanze Mozart	W. A. Mozart m/p
5・16	Constanze Mozart	W: A: Mozart
5・19	Constanze Mozart	W. A. Mozart.
5・23	Constanze Mozart	W. A. Mozart.
5・31	Constanze Mozart	Mozart
7・12	Michael Puchberg	W. A. Mozart.
7後半?	Michael Puchberg	Mozart.
8中旬以前?	Constanze Mozart	Mozart.
8・19?	Constanze Mozart	Mozart.
12・29?	Michael Puchberg	W. A. Mozart.
1790		
1・20	Michael Puchberg	W. A. Mozart

日付	宛先	署名
2・20	Michael Puchberg	Mozart.
3末～4初?	Michael Puchberg	Mozart.
4・8?	Michael Puchberg	Mozart
4・23?	Michael Puchberg	Mozart.
5初?	Michael Puchberg	Mozart.
5・17?	Michael Puchberg	Mozart m/p
6・2?	Constanze Mozart	Mozart.
6・12?	Michael Puchberg	Mozart.
8・14	Michael Puchberg	W: A: Mozart.
9・28	Constanze Mozart	Mzt
9・30	Constanze Mozart	Mozart
10・3	Constanze Mozart	Mozart.
10・8	Constanze Mozart	Mozart
10・15	Constanze Mozart	Mozart.
10・23	Constanze Mozart	Mozart.
11・4?	Constanze Mozart	Mozart m/p
1791		
4・13	Michael Puchberg	Mozart.
4・21～27?	Michael Puchberg	Mozart
4～5	Magistrat der Stadt Wien	Wolfgang Amadé Mozart
5末?	Anton Stoll	Mozart m/p
6・5	Constanze Mozart	Mozart.
6・6	Constanze Mozart	Mozart
6・7	Constanze Mozart	Mozart.
6・11	Constanze Mozart	W. A. Mozart.
6・12	Constanze Mozart	Mozart

日付	宛先	署名
6	Constanze Mozart	Mozart.
6·25	Michael Puchberg	Mozart.
6·24/25	Constanze Mozart	Mozart
6·25	Constanze Mozart	Mozart
6·30～7·1	Constanze Mozart	Mozart.
7·2	Constanze Mozart	Mozart
7·3	Constanze Mozart	Mozart
7·4	Constanze Mozart	Mozart.
7·5	Constanze Mozart	Mozart
7·5	Constanze Mozart	Mozart.
7·7	Constanze Mozart	Mozart.
7·9	Constanze Mozart	Mozart.
7·12	Anton Stoll	Mozart. franz Süssmayer（冗談）
10·7/8	Constanze Mozart	W. A. Mozart
10·8/9	Constanze Mozart	Mozart
10·14	Constanze Mozart	Mozart
?	Raimuud Wetzler ?	Mozart.

*1　語順が転倒しているが日付から転倒しており(2771)、ついでに「さよなら」addioもOiddaと書いている
*2　署名が末尾の文章の一部に組込まれているもの
*3　姉ナナールは1784年に結婚し、ゾネンブルク姓となる

- 作品の署名の出典はいわゆるケッヒェル・カタログ『Chronologisch-thematisches Verzeichniss sämtlicher Tonwerke』第6版（ブライトコップフ&ヘルテル社刊、1964）で、各曲のAutographの項目の中に記入されているものから採られた。取り上げた自筆稿は現存しているもので署名のあるものに限られている。作品名の記入のないものは（Sinfonia）のように括弧をして表示をした。
- 手紙の署名の出典は書簡全集『Briefe und Aufzeichnungen Ⅰ～Ⅳ』（ベーレンライター社刊、1962～1963）で、この本はモーツァルトの勝手な書き方――大文字、小文字、:（コロン）、アクセント記号などや誤りを忠実に再現しているので本表もそれに従った。

中扉、目次、主な参考文献、巻末附録デザイン／ＭＯＴＨＥＲ

石井 宏（いしい ひろし）

一九三〇年、東京生まれ。音楽評論家、作家、翻訳家。東京大学文学部美学科および仏文科卒。著書に山本七平賞を受賞した『反音楽史 さらば、ベートーヴェン』をはじめ『素顔のモーツァルト』『誰がヴァイオリンを殺したか』『帝王から音楽マフィアまで』『ベートーヴェンとベートホーフェン 神話の終り』などのほか、翻訳書に『グスタフ・マーラー 愛と苦悩の回想』『モーツァルト 音楽における天才の役割』など多数。

モーツァルトは「アマデウス」ではない

集英社新書一〇〇九F

二〇二〇年二月二二日 第一刷発行

著者……石井《いしい》 宏《ひろし》

発行者……茨木政彦

発行所……株式会社集英社

東京都千代田区一ツ橋二-五-一〇 郵便番号一〇一-八〇五〇

電話 〇三-三二三〇-六三九一（編集部）

〇三-三二三〇-六〇八〇（読者係）

〇三-三二三〇-六三九三（販売部）書店専用

装幀……原 研哉

印刷所……凸版印刷株式会社

製本所……株式会社ブックアート

定価はカバーに表示してあります。

ISBN 978-4-08-721109-2 C0223

Printed in Japan

集英社新書　好評既刊

文芸・芸術——F

江戸の恋　田中優子
メディアと芸術　三井秀樹
臨機応答・変問自在2　森　博嗣
超ブルーノート入門　中山康樹
天才アラーキー　写真ノ時間　荒木経惟
プルーストを読む　鈴木道彦
フランス映画史の誘惑　中条省平
ピカソ　瀬木慎一
超ブルーノート入門　完結編　中山康樹
余白の美　酒井田柿右衛門　十四代酒井田柿右衛門
日本の古代語を探る　西郷信綱
必笑小咄《こばなし》のテクニック　米原万里
小説家が読むドストエフスキー　加賀乙彦
喜劇の手法　笑いのしくみを探る　喜志哲雄
米原万里の「愛の法則」　米原万里
官能小説の奥義　永田守弘
日本人のことば　粟津則雄
現代アート、超入門！　藤田令伊
俺のロック・ステディ　花村萬月
マイルス・デイヴィス　青の時代　中山康樹
現代アートを買おう！　宮津大輔
小説家という職業　森　博嗣
美術館をめぐる対話　西沢立衛
音楽で人は輝く　樋口裕一
オーケストラ大国アメリカ　山田真一
証言　日中映画人交流　劉　文兵
荒木飛呂彦の奇妙なホラー映画論　荒木飛呂彦
耳を澄ませば世界は広がる　川畠成道
あなたは誰？　私はここにいる　姜　尚中
素晴らしき哉、フランク・キャプラ　井上篤夫
フェルメール　静けさの謎を解く　藤田令伊
司馬遼太郎の幻想ロマン　磯貝勝太郎
GANTZなSF映画論　奥　浩哉

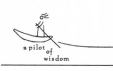